U0125992

品成

阅读经典　品味成长

引流获客

实体流量运营全攻略

黑马唐○著

人民邮电出版社

北京

图书在版编目（CIP）数据

引流获客：实体流量运营全攻略 / 黑马唐著. --
北京：人民邮电出版社，2024.3
ISBN 978-7-115-52803-2

Ⅰ. ①引… Ⅱ. ①黑… Ⅲ. ①企业管理－网络营销
Ⅳ. ①F274-39

中国国家版本馆CIP数据核字(2024)第039404号

◆ 著　黑马唐
　　责任编辑　郑　婷
　　责任印制　陈　犇
◆ 人民邮电出版社出版发行　　　北京市丰台区成寿寺路 11 号
　　邮编　100164　电子邮件　315@ptpress.com.cn
　　网址　https://www.ptpress.com.cn
　　雅迪云印（天津）科技有限公司印刷
◆ 开本：720×960　1/16
　　印张：15.5　　　　　　　　　　2024 年 3 月第 1 版
　　字数：175 千字　　　　　　　　2024 年 3 月天津第 1 次印刷

定价：69.80 元
读者服务热线：（010）81055671　　印装质量热线：（010）81055316
反盗版热线：（010）81055315
广告经营许可证：京东市监广登字 20170147 号

你好，我是黑马唐。

我从 2018 年开始研究短视频，连续多年受邀为中国移动做新媒体培训，还为海尔集团、樊登读书、喜马拉雅等 300 多家企业进行营销培训。

身为广东省人力资源和社会保障厅创新创业导师，我在各大高校及创业组织中开展与短视频和直播相关的培训，帮助更多的商家快速上手，甚至实现"弯道超车"。

同时，每年我还会受邀前往广东、广西、云南、湖北等地进行短视频和直播的宣传培训，为乡村振兴贡献自己的一份力量。

2023 年是特殊的一年，线下实体经济开始回暖，甚至出现了显著的增长，这给实体店带来了更多的机会。而短视频和直播的发展，无疑带给了实体店更多新的流量和获取客源的机会。

与此同时，各大平台相继推出的新规定、新玩法，都呈现出大力发展同城实体流量的趋势，这也是实体店可以入局短视频和直播的重要信号，因此做好短视频和直播，可以帮助实体店抓住这波红利。

你是否会因为发的短视频没有流量而坚持不下去？
你是否会因为开播几小时没有人看而想要放弃？
你是否很在意每场直播的播放量和在线观看人数？
你是否总想着做出爆款以吸引更多的流量？
如果你有以上问题，希望你能翻开本书。

在本书中，我将通过对六个部分内容的讲解，带你由浅入深地了解适合实体店的引流打法。书中既有通俗易懂的理论知识，也有逻辑清晰的案例分析，还有让你能举一反三的练习题，帮助你实现精准引流获客，不再纠结于无用的数据，收获一批实实在在的订单。

不跑起来，谁知道你是不是黑马！

准备好了吗？拿出纸和笔，我们一起开始这趟学习之旅吧！

目录

流量篇

粉丝篇

热门篇

实战篇

入门篇

在入门篇中，我先会讲解什么是引流打法，什么是爆款打法，各自的底层逻辑和区别又是什么，帮助你在开始时就明确大方向。很多时候，你未能取得预期的结果，并非因为缺乏努力或投入，而是因为方向选择错误，导致目标无法实现。因此，你的首要任务是确定正确的方向，之后的事自然水到渠成。

接着，我将对主要平台进行逐一分析，拆解平台的推荐算法逻辑，帮助你了解流量是怎么来的，从而更清楚地知道如何获取更多流量。最后，我将通过实体店的典型案例分析，使你对账号的发展方向有更清晰地把控，确保开局即踏上正确道路。

理解爆款打法
和引流打法的区别

什么是爆款打法

本书开篇，我们先来聊聊爆款打法。

什么是爆款打法？就是现在市面上大部分人都在讲的怎么"破"播放，怎么做"爆款"，怎么打造人设，怎么"涨粉"，怎么做成网红店，等等；就是想方设法地引爆内容、宣传门店，从而让更多的人看到，让他们到店消费。

这种打法有用吗？有用，但并不是谁都能做好，或者从严格意义上讲，很少有人能做好。我相信很多人之前都尝试过做短视频或者开直播，甚至还花费了不少时间和精力采购设备、组建团队，但最终都没有成功。这是为什么呢？

其实，这是数据焦虑导致的。一些人看到别人随便发的短视频收获了十几万点赞量、几百万播放量，涨粉好几万，而自己辛辛苦苦制作了一大堆短视频，发出去后每条的播放量连 500 都不到；或者看到别人的直播间轻轻松松能使在线人数达到成千上万人，反观自己，辛苦直播几小时，只有寥寥十几个观众。这就导致这些人开始怀疑自己，觉得自己不适合做短视频或开直播，更有甚者会认为自己被限流，然后就放弃了。

单纯看表面数据所引发的焦虑，让我们忘记了做短视频或开直播的初衷是帮助实体店引流获客。

怎么消除这种数据焦虑呢？很简单，下面举个例子进行说明。

假设在你面前有两种情况：一种情况是你发了一条短视频，短视频火了，播放量有 10 万，却未产生实质性的引流效果，一笔订单都没有；另一种情况是你发了一条短视频，虽然它的点赞量不高，播放量也只有 300 多，但后台的有效咨询人数为 10 人，转化到店 3 人，最终成交 1 笔订单。

针对这两种情况，你更希望是哪一种？

没猜错的话，你会希望是后者。这是因为做短视频与开直播的最终目的就是帮助实体店引流获客，成功转化，最终产生实质效益。所以，消除数据焦虑的方法很简单——关注目标，请记住："1 个有效转化远胜 10 万播放量。"

也许有人看到这里会产生疑问，难道 10 万播放量就不重要吗？爆款打法就没有存在的必要吗？不，爆款打法重要且必要，但它并不适用于第一阶段，也就是后面会讲到的闭环阶段。

举个例子，在云南丽江古城，很多店铺设计了"网红打卡点"。他们在门厅或者后院装饰灯笼、纸伞、风车、鲜花等，吸引游客前去打卡，不少店铺里打卡的人多到挤都挤不进去。但是，如果你仔细观察就会发现，很多游客跟着导航或者人流来到这里后只是拍个照片或者拍段视频就走了，不会消费，甚至可能连店名叫什么都不清楚，因为他们本来就不是来消费的，只是单纯地想凑个热闹，自然就无法形成到店转化。

爆款打法也是同样的逻辑——短视频和直播很火，或许有很多人看，但更多的人是来凑热闹的，他们不会买东西，更不会成为你的粉丝。

那么什么时候才需要使用爆款打法呢？答案是当从引流到成交的闭环已经成熟，能确保成交转化率稳定，并保证服务质量的时候。此时把流量做高，把粉丝基数做大，成交量自然就会水涨船高。到那个时候，我们可以投入更多的时间和精力去打造爆款，并形成品牌 IP。

什么是引流打法

如果说爆款打法是先把流量和粉丝做起来，然后拿一个"筛子"把目标用户筛选出来，那么引流打法就是完全相反的逻辑。

作为一个刚入门短视频和直播的新人，或者没有系统完整地学习过账号运营的"小白"，如果一开始的目标就是打造爆款或者把自己变成网红，这是很不现实的。

现在市面上有很多所谓的"专家""老师"，打着帮忙"打造 IP"的旗号提供一些运营服务，结果其所谓的"成绩"无非就是帮助学员增加一些粉丝量，或者提高一些产品曝光度，但这些对于产品和业务的帮助并不大。

其实，真正的 IP 的形成需要具备一定的社会影响力，这不仅需要你在自己的圈子里有一定的名气，还需要你能"火出圈"，让其他行业的人知道你，而不仅仅是"自嗨"。由此可见，要打造一个 IP 并不容易。如果实体店商家一开始设定的目标就是利用爆款打法"一战成名"，进而打造 IP 和网红店，自然容易到处碰壁，这不仅浪费时间和精力，还可能遭受经济损失。

相比之下，引流打法就更适合大众。何谓引流打法？就是指在做短视频和开直播时，以成交转化作为首要目的的操作方法。我们的每一步精细考量，如对账号名称、店铺简介、页面风格、宣传文案以及短视频内容脚本等的精心打磨，甚至有目的地引导用户互动，都是为了吸引目标用户，进而促使其到店转化。接下来，我们就需要不断地优化整个流程，提高成交的转化率。

引流打法着眼于精耕细作、稳扎稳打，我们不用纠结播放量为什么只有几百，直播了几小时为什么在线观看人数只有十几，而将关注点放在短视频和直播引流的有效转化上。例如后台私信有多少，如何将用户的关注转变为到店成交，等等。

只要有了第一次成交，我们就可以复制这个成功模板，达成第二次、第三次成交。这使我们能发现更多用户的需求和痛点，然后输出他们想看的内容，获得更多的流量和关注，这就是引流打法的底层逻辑。

为什么实体店更适合引流打法

同样是做短视频和开直播，实体店与其他交易场景最大的区别是什么？答案是地域限制，即实体店所能覆盖的用户是有地域限制的。

比如，一家装修公司的目标用户主要是同城的业主，或者一家夜宵店所能辐射的范围仅限于一定区域。即使在短视频或直播的加持下，有了更多的流量和客户，甚至有人千里迢迢慕名而来，但出于对时间、地域、成本的考量，这也不能代表实体店的主要客源。对实体店来说，只有转化附近的流量、同城的流量才能形成稳定的客源，从而持续发展。

当然，不排除有些实体店利用充裕的资金打造独特风格，引领风尚，或者借助多种渠道扩大宣传，例如请很多网红来探店，只是这类情况并不在本书的探讨范围内。

所以对于阅读本书、有志于利用短视频和直播引流的你，我更推荐采用引流打法。我们一起，一步一个脚印，踏踏实实做好成交转化，把短视频和直播变成获客的新渠道、新路径，不再为短视频的播放量、点赞量低而感到焦虑，也不再纠结于直播间的在线观看人数较少，而是稳扎稳打、精准引流，我相信我们一定能让门店的生意越来越好！

实体店引流的
核心方法

引流打法的核心

现在我们已经清楚地了解了爆款打法和引流打法的区别。接下来，我将讲解引流打法的核心。在引流打法中，按重要程度进行排序，依次是闭环、流量、粉丝、热门。我们首先来了解一下这 4 个名词。

第一，闭环。闭环是指我们要搭建一个引流获客的商业体系。这个体系包括创建账号、发布内容、开直播，最终实现成交转化。这一体系完整贯通、运行，即实现了闭环，接下来我们要做的就是不断对这一闭环进行优化和复制。

第二，流量。我们经常听人说流量，但流量到底指的是什么呢？我们可以认为，流量不是指视频播放量，也不是指直播的在线观看人数，而是指能使访客成为潜在用户的获取量，即能够实现有效转化的那些播放量和观看量。

第三，粉丝。在知道了如何获得精准流量之后，就可以慢慢积累粉丝，沉淀潜在用户，打造私域流量池，并在私域流量池成熟之后，建成私域运营体系来促进成交转化。比如，有些潜在用户目前不需要我们的产品，但未来可能会需要；又如，一些用户之前购买了我们的产品，未来还会继续购买。这些都是我们需要积累的粉丝群体。

第四，热门。这也就是我们说的爆款。在拥有了完整的商业体系及完善的私域运营体系后，我们便能承载更大的流量，实现更高的成交转化率，这时就可以把目光放在打造爆款上。

此时我们再回头看爆款打法，其核心逻辑是不是与引流打法完全相反？爆款打法是一开始先想办法做出爆款，然后积累粉丝，对粉丝进行筛选形成精准流量，再去销售产品。但这种打法对于实体店商家来说存在很多问题，比如，无法对流量形成精准预估，难以实现产品的成交转化；甚至很多人一开始为了做爆款积累粉丝，完全不顾及自身产品的用户画像，导致流量无法变现的尴尬情况出现。

举个例子，有段时间情感解说类的账号比较容易涨粉，通过发布一些心灵疗愈、人生感悟类的内容就会引来粉丝围观，但这些粉丝更多的是想通过这些内容找到一个情感的宣泄口，找到一个可以吐槽的"树洞"，当这些账号卸下情感伪装，开始直播带货或者打广告的时候，粉丝就不买账了。例如，某个拥有千万粉丝的情感解说类账号直播一小时销售额还不到万元。

对实体店商家来说，能有效转化的精准流量尤为重要。那么在使用引流打法的不同阶段，我们需要完成哪些工作呢？

使用引流打法的不同阶段的工作

我将自己多年研究引流打法的经验汇总成了图 1-1，我们可以根据该图来梳理在引流打法的不同阶段需要完成的工作。

图 1-1　引流打法的不同阶段

第一阶段，我们需要搭建完整的引流获客的商业体系。在这个阶段，我们需要了解并开展账号创建、平台选择等工作。在相关平台上注册账号后，我们需要进一步熟悉怎么生产内容。比如，可以参考对标账号，多研究同类视频以找到合适的选题，等等。接下来，我们就可以进行视频拍摄、剪辑，最终输出一个完整的视频作品。

考虑到实体店可以提供不同的产品和服务，面对这些不同的产品和服务，我们可以有针对性地甄别哪些适合拍成短视频进行宣传、引流，哪些能带来实质性的收益，等等。

此外，我们还需要考虑如何搭建直播间，是在门店里选择一个角落进行直播，还是在户外边走边直播。直播的风格、话术也是需要花心思考虑的问题。

以消费者需求为抓手，不断优化和调整短视频和直播的内容、形式，实现高效引流，把观看短视频或者直播的用户变成到店的顾客、成交的顾客，这是我们在这一阶段的最终目的。

第二阶段，我们需要掌握如何获得精准流量，这部分精准流量可锁定为同城流量，甚至是方圆5公里内的流量。

有了流量之后，我们就该考虑如何才能更高效、更低成本地批量生产内容。例如搭建账号矩阵，逐渐完善运营团队，甚至在平台上投入一定的资金使宣传内容得到更精准的投放。

第三阶段，随着流量有效转化的效率不断提高，我们可以考虑积累粉丝。这就需要掌握获取粉丝的方法，以及提升各项运营指标的方法，从而获得更大的私域流量池。

我们既可以打造人设，引发共情，让账号更具吸引力；也可以优化商家页面，让服务体系更加完善；还可以通过运营提升用户的活跃度，增强用户黏性，从而为私域流量池的扩大做好准备。

第四阶段，我们需要掌握打造爆款的方法，以及复制爆款的技巧、途径，成为一个流量操盘手，熟练使用营销日历等热点工具获取更多的流量。同时，通过资金投放等方法把爆款推上一个新的流量层级，进而"引爆"全网。至此，引流打法4个阶段的工作全部展现完毕。

接下来，我们将在后续内容中，结合理论知识和案例对引流打法的 4 个阶段进行系统、清晰的阐述，希望能帮助正在阅读本书的你更好地了解引流打法的精妙之处。

使用引流打法需要注意的几点内容

* 不把经营账号当成发布朋友圈

图 1-2 不能促进有效转化的案例

我们做短视频、开直播都是为了获得精准流量，最终使用户到店成交。因此发布的内容要能实现实质性的引流转化，而不能像发朋友圈一样随意发布内容。

比如，图 1-2 中这个名叫"专业室内装修"的账号，其发布内容很随意，主要展现的是账号经营者的日常生活，将经营账号做成了发布朋友圈。其内容缺乏专业性，无法带来有效的成交转化。

同样是关于装修的账号，图 1-3 中所示账号就具有专业性。这个叫"小熊带你看装修（黄州）"的账号是我的一名学员运营的，其发布的每个视频作品都展现了一个装修

图 1-3　有效案例

实例。每个视频作品的封面用文字对作品内容加以说明，用户点开视频便能看到装修的全过程及最终呈现效果。此外，该账号还提供了多种装修风格供用户选择，能满足用户的多样化需求。尽管这个账号的粉丝不多，但每年通过抖音平台引流产生的销售额超过了 200 万元，这便是较为成功地使用引流打法的案例。

＊　一定要先想好变现路径

我们在引流过程中，一定要先想好变现路径。比如，一家夜宵店，想要通过打造一个 99 元的小龙虾双人团购套餐来吸引流量，于是每次发视频时都在视频中附上该团购套餐的链接，用户看到了之后就可以直接点击链接购买，并到店核销。

要想这样操作就需要先创建一个蓝 V 账号，并上架附带团购套餐链接的内容。此外也可在每次发视频时附上门店定位，有需求的用户看到后就可以直接到店消费。变现路径是多样化的，关键在于实体店商家要精准考量，选择适合自己的变现路径。

当你想清楚了变现的逻辑，一定就明白了 1 个有效转化远胜于 10 万播放量的道理，这样你自然不会为了做"爆款"而乱追热点，也不会简单地追求视频的数据。

* 不随意留下联系方式

为了能让用户直接联系自己，很多账号经营者会在账号主页或者短视频、直播中留下自己的联系方式，但鉴于平台之间多存在竞争关系，彼此并不希望被其他平台引流，上述做法往往会导致账号被平台限流，甚至封号。

举个例子，一个叫"金刚熊说康复"的账号是我的另一位学员运营的，半年涨粉数超过 100 万，但因为在给用户发私信时留了几次微信号就被平台禁言了3 个月，在这期间该学员对于任何评论和私信都无法回复。

* 有规律地发短视频和开直播很重要

在短视频被大量创作和投放的今天，选择合适的发布时间可以让作品第一时间更精准地覆盖尽可能多的目标用户。基于对用户习惯的研究，账号经营者可以选择在固定时间，以固定频率发布短视频或者开直播，如果作品内容足够精彩、有吸引力，那么用户也会愿意长期关注。

此外，账号经营者在固定的时间发布内容，就像与用户做了约定，可以让用户产生期待，这也是培养用户习惯与用户忠诚度的一环。

也许你会问，如果一周直播一次，直播的具体时间很难固定怎么办？那么你至少要提前一天确定具体可行的直播时间，然后进行相应的预告。很多"大号"在直播之前甚至会在自己的账号名称中添加直播时间，由此可见预告的重要性。

🖒 14　　↝ 引流获客　　💬 入门篇

* 不要搬运其他账号的视频、抄袭他人的文案

首先，我们要了解什么是搬运视频，什么是抄袭文案。搬运视频是指直接将别人做好的视频的一部分或者全部发布到自己的账号上，抄袭文案是指直接将别人的文案发布到自己的账号上。

很多账号经营者为了吸引流量，会通过搬运爆款视频或者抄袭爆款文案的方法打造内容，为了逃避侵权责任或避免平台处罚，他们会对内容进行二次加工。这其实是不对的。

我建议大家去学习、借鉴和参考。比如，你看到一个短视频做得很好，可以学习、借鉴它的运镜和拍摄手法；你刷到一个视频的文案写得很好，可以拆解它的结构，然后按照同样的结构，结合自己的产品写一份文案。通过不断学习，你也能逐渐提升能力。

* 不建议互粉互赞

很多人一开始运营账号时喜欢互粉互赞，这对账号尤其是对经营账号的商家来说弊大于利。

首先，互粉互赞的大多都是各行各业的不精准流量，而且都是账号运营者，不是用户。账号运营者之间机械化地互相点赞关注，让账号数据看起来很好，实际上这些数据是无效数据，反而会影响后续的精准推送。

其次，作为新手，最关键的就是在第一阶段打造闭环的时候，测试自己的内容能否被用户接受和喜欢，能否因此实现成交转化。而互粉互赞不仅无法帮助我们做测试，甚至还会影响我们对投放内容实际效果的判断。

你在之前可能没有注意过这些，但从现在起，请牢记这些注意事项，这些要点能帮助你避开很多运营中的问题，让你未来的路走得更顺。

当然，还有这句话，一定要记在心里——1个有效转化远胜10万播放量。

短视频平台
推荐算法逻辑拆解

目前，市面上主要用于投放、推广短视频的平台有抖音、快手、小红书和微信视频号等，如何在多个平台上搭建账号矩阵是我们接下来要探讨的问题。

可能有人要问，在多个平台搭建账号矩阵是否就是在多个平台上注册账号，然后把内容同步发布上去？其实不能这样简单理解。

首先，我们确实需要在多个平台上发布内容。比如，有的用户平时爱用抖音，而某天不经意间打开了小红书，看到了一个很喜欢的账号，他会下意识地在抖音上搜索这个账号，因为他更希望在他常用的软件上看到他喜欢的内容或账号。这就是我们要在多个平台上发布内容的原因——让更多的人看到我们，喜欢我们。

其次，我们应根据不同平台的特点对短视频的发布和运营做有针对性的调整。事实上，在抖音大火之前，快手、微视、梨视频等平台已着手进行短视频运营，但都没有成功。而抖音利用推荐算法挖掘用户需求，提供个性化的推荐内容，从而增加留存用户数量和用户使用时长，因此开始大火。随后，其他平台也优化了推荐算法，也正因为这些推荐算法和平台风格的融合，让每个短视频平台都具有了独一无二的特点。

因此，在多个平台上搭建多账号矩阵需要我们对不同短视频平台的推荐算法进行分析研究，以满足不同平台用户的多样化需求。

抖音推荐算法逻辑拆解

打开抖音，几秒的开屏广告结束后展示的就是视频内容，抖音会根据用户的兴趣爱好或者浏览习惯进行视频推荐。比如，你喜欢看足球比赛，那么你打开抖音看到的第一个视频大概率会是与足球相关的内容。

那么抖音是如何判断用户是否对它推荐的内容感兴趣的呢？答案就是依靠完播率。在抖音的数据后台，完播率有 5s 完播率和完播率之分，如图 1-4 所示。

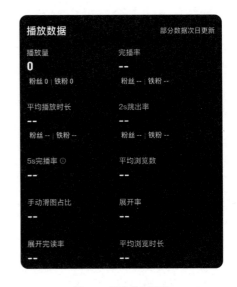

图 1-4　播放数据要素

可见，在抖音平台上，完播率是一个很重要的指标。那么什么是完播率？就是视频的完整播放次数占全部播放次数的比重。比如，我们先假设每个人只看 1 次视频，不多次看，1 个视频的时长为 10s，100 人看到了这个视频，其中有 20 人全部看完了，剩下的 80 人中有 60 人看了前面 5s 后关闭视频，那么该视频的 5s 完播率是 80%，整体完播率是 20%。

如果同一个人连续看完了好几次视频，那么完播率如何计算？答案是，看完几次视频，就算几次完播。

完播率的底层逻辑实际上是用户在一个视频上的停留时长，用户停留的时间越长，系统就会认为用户对该视频内容越感兴趣，因此在后续的推荐中，就会增加推荐相关内容的概率。如果用户在点开视频之后很快就滑走，那么系统就会判定用户对该视频内容的兴趣不大。

当然，如果用户刷到令他感到不适的视频，比如，用户很胆小却刷到了悬疑恐怖类的内容，这时用户就可以长按视频选择"不感兴趣"选项，系统就会大大减少甚至完全停止对此类内容的推送。

因此，我们在做抖音短视频的时候，前 5s 的内容很重要。前 5s 的内容若能抓住用户的眼球，引发用户的兴趣，让其继续观看下去，便能增加短视频被平台向更多用户推送的概率。

快手产品逻辑拆解

快手可以说是短视频方面的"元老"了。快手早在 2011 年就诞生了，2012 年 11 月开始布局短视频，直到 2015 年，因为移动互联网的发展以及资本的进入，快手迎来了快速发展期。

平时抖音和快手都玩的用户不难发现，现在这两个平台在浏览体验上已经逐渐趋同。在 2020 年 9 月快手进行了一次大的改版，将信息呈现形式从双排瀑布流模式改为和抖音一样的全屏上下滑模式之后，用户在快手上的浏览体验就越来越像抖音。

所以要想更好地了解快手的特点，就要回到 2020 年 9 月之前，那时快手使用双排瀑布流信息呈现形式。双排瀑布流信息呈现形式是指画面被分割成左右两

排，上下滑动就可以同时预览 4~6
个视频的封面，如图 1-5 所示。这
样的形式可以给用户同时提供更多
的选择。在该信息呈现形式下，用
户在点开视频完成观看后，直接下
滑将展示该视频的评论区（下滑展
示评论区的呈现形式在新版本中已
经无法体验到）。这意味着快手希
望用户能够直接参与评论，与账号
运营者进行更多的互动。也正因为
这个特点，快手的用户更喜欢与账
号运营者互动，快手也是最先经营
直播的平台。在快手经营直播前期，
只是和用户聊聊天，主播就能收获
很多的粉丝。

快手开创直播的初衷就是拉近粉丝
和主播的距离，直接的互动更能提
升粉丝活跃度和用户对主播的好感

图 1-5　快手的"发现"页面

度，相较于短视频互动存在时差，直播可以让主播和粉丝之间进行实时互动，
实现双方沟通效果的质的飞跃。随着平台的发展，商业体系的逐步完善，才艺
直播、带货直播等新的呈现形式逐渐风靡。

我们不难发现，有时同样一个视频同时在抖音和快手上发布，在播放量接近的
情况下，快手上的视频评论量会比抖音更高。因此，账号运营者在经营快手账
号时，应选择更有话题性的选题，引导用户更多地参与互动。

图 1-6　小红书的"发现"页面

小红书推荐算法逻辑拆解

除了与早期快手采用同样的双排瀑布流的信息呈现形式（见图 1-6），在内容和目标用户上，小红书呈现出与抖音、快手截然不同的风格和定位。

1. 小红书平台报告显示，小红书的活跃用户以 18~30 岁的女性群体为主。假设需要营销、推广的产品面向的是女性用户，如护肤、美妆、穿搭等类型的产品，就适合在小红书上推广；同时，需要由女性决策购买的产品，如家庭生活中的家居、家装类的产品也适合在小红书上推广。

2. 在整体活跃用户中，超过 70% 的用户更偏爱以图文形式展示的内容。小红书早期就是以"笔记"形式（图文结合的形式）来展现内容的，随着短视频的兴起，小红书才逐渐增加短视频这种内容形式。但在短视频内容更加丰富的今天，小红书的用户还是更喜欢阅读、展示图文结合形式的内容。

3. 在新用户注册并首次打开小红书的时候，小红书会自动弹出一个兴趣标签页，其中有美食、健身、美妆等标签，并且提示用户至少选择 4 个标签，接下来小红书就会根据用户的选择为其推荐对应内容。后期，小红书还会在用户所选择的兴趣标签的基础上对用户喜爱的内容进行实时反馈推荐，优先展示更受用户欢迎的内容。

理解了以上 3 点，你就会比较清楚，小红书是一个什么样的平台。那么什么样的内容在小红书上比较受欢迎呢？有两个词可以说是小红书平台的代名词，那就是"笔记"和"种草"。

"笔记"意味着小红书是一个分享型平台，博主们以类似朋友的身份把内容，特别是有清单特点的笔记推荐给用户。比如，分享一份电影清单、10 本助力个人成长的图书、让人一个月瘦 10 斤的 12 个动作等。博主们借助场景营造、生活理念分享等方式推介产品，从而激发用户的购买欲，这种行为即为"种草"。

这其实也就意味着，小红书是一个信息整合型的内容平台，而不是原创型平台。如果你有很强的收集整理能力、归纳总结能力，擅长把很多信息变成一篇精致的图文，就很容易获得小红书用户的青睐。基于信息收集和整理，"收藏"这个动作就成为小红书评判账号等级的第一指标。尽管现在小红书已经不再显示账号的等级属性，但在很多第三方数据平台上依旧可以看到不同账号的等级标签，小红书就是按内容所获得的收藏量进行等级评判的。因此，做好内容，内容包含足够大的信息量，能帮到用户，自然就可以把小红书账号做好。

微信视频号推荐算法逻辑拆解

微信视频号作为微信生态的衍生产品，依托于微信完善的社交闭环，同时以超 10 亿的微信日活跃用户作为基数，一推出就颇受关注。而随着短视频的发展，微信更是把视频号当成仅次于朋友圈的重要产品进行经营。

👍 22　　🔄 引流获客　　💬 入门篇

打开微信，朋友圈入口下方就是微信视频号的入口，往往会以"小红点"的形式提醒用户，好友刚刚点赞了某个视频或者内容更新。不管是出于对好友点赞视频的好奇，还是出于"强迫症"想消除掉这个小红点，大多数用户都会忍不住点进去，这就为微信视频号带来了流量。

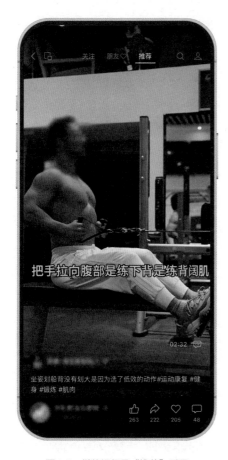

图 1-7　微信视频号"推荐"页面

打开微信视频号，用户首先看到的内容是平台推荐的内容，而非好友点赞的视频，如图 1-7 所示。

推荐页里的视频以热点视频为主。由此可见，微信视频号的运营目的是希望用户多看平台推荐的内容，以此获得更庞大且精准的用户数据，从而优化平台的算法。不过从我个人的角度而言，微信视频号的公域流量算法与抖音相比还不够完善，因此，微信视频号无法做到精细化运营，推荐的内容缺乏针对性，不能很好地激发用户兴趣。

如果想查看好友点赞的视频，则需手动切换至"朋友"页面，如图 1-8 所示。

在相应页面中，用户不仅可以观看好友点赞的视频，甚至可以清楚地看到一个视频被哪几个好友点赞。这就是微信生态最具优势的社交属性，也是其他平台所不具备的优势。

图1-8 微信视频号"朋友"页面

举个例子，假设每个人的微信联系人数都为100，且这100人都有视频号，当用户发了一个视频且该视频被其中的50人点赞，那么该视频将会出现在50×100=5000人的微信视频号"朋友"页面中，如果这5000人中又有一半的人给该视频点赞，那么该视频将会出现在2500×100=250000人的微信视频号"朋友"页面中，那么该视频就算爆款视频了，这就是微信视频号独有的社交属性算法逻辑。

因此，如果想运营好微信视频号账号，账号经营者需要有比较强的私域流量运营能力，如优质的朋友圈、完善的微信群体系等。当然，微信视频号的公域流量算法也会不断更新，慢慢也会变得像抖音一样完善，届时微信视频号也将具备更强大的商业属性，拥有精准的用户。

看到这儿，我想考考大家，假设我们想让某个小区的业主都看到某个视频，应该怎么做？

答案是，找到拥有这个小区大部分甚至所有业主微信的人，如售楼处工作人员、物业工作人员，让这些人给该视频点赞，那么该视频就会有很大概率被小区的业主看到。

实体店
典型案例分析

在此，我们来看几个实体店利用引流打法的典型案例。通过对这些案例的分析研究，账号经营者可以积累经验，规避一些问题，为账号经营做好充足的准备。

餐饮号典型案例分析

互联网生态重构着餐饮行业的流量组合，把握短视频风口，是当下餐饮商家营销制胜的关键。近年来，不少餐饮商家都注册了自己的短视频账号。图 1-9 显示的是一家炸鸡店的账号，这家店通过认证信息告知用户他们的店铺位置，顾客通过地图 App 搜索便可以找到。与此同时，它用品牌标志作为头像，简

图 1-9　餐饮实体店账号案例（一）

洁明了。该账号简介为"一位80后莒县宝妈，在日照香河市场创业史，欢迎大家一起监督"。"80后宝妈"表明身份，更容易使用户找到共鸣和认同感。"日照香河"再次强调店铺所在地。发布的内容也是日常销售炸鸡以及相关产品的视频，看起来没什么大问题。

但接着往下看，如图1-10所示，同样是销售炸鸡的实体店的账号，其在内容展示上比前者多了几条信息。

图1-10　餐饮实体店账号案例（二）

1. 简介中写明"关注波客派吃货局，超多宠粉福利"，这句话能展现账号福利，更易激发用户关注账号的兴趣。

2. 简介中写明了每周的直播时间，固定且规律，并强调"锁定直播间一起互动，抢福利吧"，引导用户参与直播间互动。

3. 简介下方直接陈列了店铺的推荐菜及热销的优惠团购套餐，直观的图片和销售数据让用户心动，能激发用户的购买欲望，从而让产品在竞争激烈的市场中脱颖而出，这就形成了成交闭环。

反观前面的账号就会发现，它缺少了产品卖点的提炼和用户价值点的输出，这恰恰是引流和成交构成闭环时很重要的前提条件。虽然用户可以通过地图App

搜索找到这家店，但看完视频，除了知道这家店的存在，用户没有更多有价值的收获，自然也就失去了一些潜在的转化机会。

美业号典型案例分析

在图 1-11 中，账号的名字虽指向"SPA"，但其中并没有出现品牌名称，也未点明店铺信息。其在简介中写的是"SPA 技师，秘技手法，指压巅峰"，简短的介绍也未突出差异化亮点，换句话说，任何一家 SPA 门店都可以用这句话。

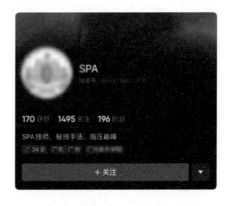

图 1-11　美业实体店账号案例（一）

与图 1-12 中的账号进行对比，同样都是经营 SPA 的门店，二者在设计上和所传递的信息量上大有不同，接下来我将具体分析一下后者特点。

1. 图 1-12 中的账号设置了背景图片，利用蜡烛、香薰等物营造出一个做 SPA 时特有的氛围场景，能让用户快速产生代入感。

图 1-12　美业实体店账号案例（二）

2. 该账号优化了账号头像和店铺名称，让用户更易识别和记住。同样是经营 SPA 的店铺，"澜悦 SPA"更具记忆点。

3. 该账号在账号简介中写道"专业泰式古法按摩，香薰SPA，舒压热石等"，意在凸显自己的特色，通过内容的差异化打造和呈现，为用户提供更明确的信息。

4. 该账号是"蓝V"账号，拥有"官方电话""查看门店""查看地址"等相关功能，能实现引流获客。

5. 该账号在账号简介下方增设"本店团购"和"线下门店"两个功能，形成线上、线下成交转化闭环。

相比于前者，后者提供了更为详尽的信息，给用户的体验感更好，也更容易获取用户和完成成交转化。

装修号典型案例分析

图1-13所示的是一个装修账号，简单的账号名称、生活化的头像和记录日常生活的内容，无法展现专业性，对有装修需求的用户而言吸引力不大。

接下来，我们一起来看图1-14所示的账号及其特点。

1. 图1-14所示的账号利用头像和名字凸显"华美乐"这一品牌。背

图1-13 装修实体店账号案例（一）

图 1-14 装修实体店账号案例（二）

景采用的是公司设计的经典样板间图片，可以让用户直接了解到这个装修公司的装修设计风格。

2. 该账号在内容简介中列举了诸多门店地址，覆盖面广，这在展现品牌实力的同时，更让用户放心、安心。同时，简介中也明确说明，每周三到周日每天晚上都会直播2小时，在线帮用户优化户型，此举有助于实现引流。

3. 该账号也具备"查看地址""查看门店""官方电话"等"蓝V"账号的专属功能，形成了成交闭环。

4. 除了有"团购推荐"，该账号还建立了"粉丝群"，把活跃的粉丝聚集起来，当有直播或者有新的产品时，都能第一时间告知粉丝。

5. 该账号设计了精美的"粉丝专享"福利海报，通过提供粉丝福利等优惠策略扩大粉丝群体；此外，该账号还明确表示提供各类特色服务，满足用户的多样化需求。

装修公司大多提供设计服务，因此，账号主页要具有美感和设计感，这样才能让用户信服。

闭环篇

从这里开始，我们进入闭环篇的学习。简单地说，闭环就是我们要搭建的一个引流获客的商业体系，包括账号注册与经营、内容拍摄与发布、直播开设与引流，最终完成成交转化。

可能有人会有疑问，按理来说，我们不是一开始应做好账号定位吗？如果你也有这样的疑问，说明你之前应该看过或者听过不少关于短视频的图书或者课程，而你依旧翻开了这本书，也许是因为你之前学到的和做到的皆不尽如人意。

这里我只想说明一点，我不会讲账号定位，因为实体店本身就自带定位，比如，咖啡店的定位就是销售咖啡，装修公司的定位就是负责装修。

所以，对实体店来说，不需要定位。

如何快速找到
可参考的账号或内容

无论大家之前是否运营过账号，我都希望大家能认真对待本篇的学习。好的开始是成功的一半，闭环做好了会让账号运营事半功倍。

有的人运营账号之所以不能坚持下去，是因为得不到正向反馈，也无法预见结果。这正是因为他们从一开始就把目标定错了——实体店商家的目标不是成为网红，也不可能一下子就打造出爆款，这些都需要长期积蓄力量。实体店商家真正要实现并长期坚持的目标，是打造商业的成交闭环，打造完整的用户引流路径。只有一次次完成成交转化，实体店商家才能收获正向反馈，才更有动力坚持下去。

有正确的目标就有前进的方向，不过，这时新的问题又产生了。有人说："老师，我坚持不下去不是因为没有获得正向反馈，而是所能运用的素材比较少，内容创作困难，感觉连续发半个月就没东西可以发了。"这的确是很多做过短视频或者开过直播的人的一个常见痛点，他们觉得自己能用来创作的素材太少，无法维持长久的内容输出。

视频创作者最大的痛点就是灵感枯竭。但只要掌握了方法和技巧，大家就可以持续输出内容，接下来就跟随我一起学习相关方法和技巧吧。

筛选精准有效的行业和地理标签

要想拥有源源不断输出内容的能力，我们需要先了解一个词——标签。什么是标签，简单地说，就是关键词，用户通过关键词找到相应的内容，平台则通过关键词判定内容是否是用户想看的。那么，如何选择关键词为视频贴上精准的标签呢？记住两个原则。

原则一：这个词需要与经营业务所属的行业息息相关，最好就是当用户看到这个词时第一时间就能联想到该行业。比如，看到"拉花"，用户会第一时间想到咖啡行业；看到"蛋糕"，用户会第一时间想到烘焙行业。

原则二：尽量选择专业术语作为关键词，但也要做到通俗易懂。比如，"烹饪"和"做饭"，我更鼓励使用前者作为标签；而就"辅材"和"水泥"而言，水泥是辅材的一种，很多人并不清楚什么是辅材，但知道水泥是什么，这时用后者就会更好。

还有一种情况，即当我们想通过标签去匹配行业的上下游时，也尽量选择专业术语作为标签，因为这样可以帮助用户实现有效搜索、精准筛选。

此外，由于很多实体店需要更加精准的同城流量，因此我们需要在考虑以上两个原则的基础上再增设一个维度，即使用"地理标签"。

比如，门店位于广州市天河区，如果在标签中加上"天河"一词，平台就会自动匹配天河区内用户，帮助门店实现就近转化。

选择合适的关键词作为标签的更多方法和技巧，将会在流量篇进行深入讲解，而当下对于打造闭环而言，用户只需要使用"地理标签 + 行业标签"即可，如王府井烤鸭、宽窄巷子宠物、武汉光谷全屋定制等。

当然，"地理标签"不一定非要指某个知名地标，因为我们想要获取的更多的是线下同城用户，甚至有些门店会将获客范围精确到方圆 5 千米内。因此哪怕是一条街道的名字或者一个小地标，也一样可以用作"地理标签"，而它的作用，就是帮助我们筛选出精准的用户。

如何通过标签快速找到对标账号和内容

在了解了标签的作用和功能之后，就可通过标签快速找到对标账号及其内容进行参考。

在这里，我想讲解一下"对标账号"这个概念。对标账号仅仅是指行业的头部账号吗？不一定，甚至可以说在大多数情况下不是这样的，这是为什么呢？

不是说头部账号的内容做得不好，而是因为头部账号中有太多的因素影响着最终结果。比如，需要一支成熟的团队进行运作，几十人甚至上百人只为一个账号服务；需要雄厚的资金支撑，每条视频都有几千元甚至上万元的投放成本；账号经过运作、推广已经坐拥上百万甚至上千万粉丝，可以说随便发点什么都能获得十分亮眼的成绩。而这些都是普通商家经营账号无法获得的资源优势。

因此，头部账号对我们而言就失去了参考价值。当下行之有效的方法是，对标"比我们高一个台阶，但我们跳起来就能够得着"的账号。比如，我们的账号只有 10 个粉丝，如果把一个拥有 1200 万粉丝的头部账号作为对标账号，这就不是明智的选择。而如果对标一个拥有 1 万粉丝或 1000 粉丝的账号，反而是更加合适的选择。

所以我们要记得，不要一开始就去看那些拥有几百万、上千万粉丝的账号在发什么内容。如果你能找到一个粉丝量和你差不多，但作品数据却远远超过你的账号，也就是"低粉爆款"（粉丝数量不多，作品却能上热门）账号，就可以好好地去研究学习。

同时，一个可用于参考、学习的对标账号应该是一个行业的垂直账号。以抖音平台举例，搜索"装修"，然后分别切换"综合""用户""视频""商品""团购""话题""全网"等栏目，都能看到很多搜索结果，在每一个栏目中点击界面右上角的"漏斗"图标，就可以对结果进行细化筛选。

5 种内容创作的形式

我们通过前面的方法，可以找到很多对标账号，但这些账号里有一些是由专业团队代运营的，演员演技精湛，画面质量好，这显然不适合处于打造闭环阶段的我们。很多人坚持不下去往往就是因为为每个作品付出的时间很多、精力成本太高，远远超出了自身所能承受的范围。因此我们要做的，就是从众多的内容中筛选出一些制作成本比较低，且可以快速复制的内容创作形式，以便快速打造闭环，获得正向反馈。

一般情况下，可参考、借鉴的内容创作形式有以下 5 种。

1. 图文结合。这类形式可在小红书、抖音、微信视频号上发布，只需上传图片，借助平台提供的多种特效样式，即可一键生成酷炫的成片。其缺点是形式单一，用户体验感较差。

2. 第一视角拍摄。这类形式操作简单，主播拿着相机一边走一边拍即可，还可以同时讲解，全程不露脸，但又能让用户产生很强的代入感，常见于探店或者装修类一镜到底的内容。

3. 第三人称口播。这类形式就是将手机或者相机固定起来摆拍，常见于美食分享和知识分享类的内容。

4. 第三人称视频日志（vlog）。和第三人称口播不同，视频日志主要采用的是旁白的形式，即以第三视角记录，常见于很多创业号中。此类形式需要积累比较多的素材，且考验创作者的剪辑能力。

5. 剧情演绎。很多用户喜欢观看剧情演绎类的内容，对创作者而言，这类内容比较考验其脚本创作功力和剧情演绎能力。很多人在日常生活中侃侃而谈，优雅大方，但一面对镜头，就完全变了个人，因此该类内容创作形式难度较大。

以上 5 种内容创作形式各有千秋，选择合适的方式进行创作可花费较低成本获取较佳效果。如果你不知道该怎么选，需要一个参考答案，我的建议选择是第一视角拍摄和第三人称口播，因为这两种形式拍摄成本比较低，内容创作形式也容易复制。

短视频引流变现文案模板

选好了合适的内容创作形式后，接下来我们就要解决让很多人头痛的问题——如何搞定内容。同样，在闭环篇我们先学习简单的引流变现文案模板。学习是一个循序渐进、由浅到深的过程，在后面的流量篇中我们将深入学习文案脚本的撰写。

引流变现文案模板

引流变现文案模板——**标签 + 理由 + 引导**。

* 标签

我们在上一节讲过，一个标签由"地理标签 + 行业标签"组成，通过标签设置可以帮助实体店快速精准地获取用户，此处我们不再赘述。

要记住，"1 个有效转化远胜 10 万播放量"。当实体店通过设置标签实现精准引流后，还需要设计理由和引导，使用户到店完成成交转化。

* 理由

这是指实体店给出的能够吸引用户购买产品和服务的理由。以一家烤鱼店为例，可拆解出以下理由。

» 口碑。本店在当地开了很多年，积累了很多忠实的老顾客，他们一致认为本店食材新鲜、味道可口、分量足、价格公道。

» 专业。本店老板做烤鱼已经 10 多年，精通烤鱼的技艺，烤鱼颇具特色，色香味俱全。

» 服务。本店上菜快，若未在规定的时间内上菜将会为顾客打折或者免费赠送零食、小菜等；服务员态度好，对待每一位顾客都很细致、周到。

» 环境。本店位于一线城市中心商圈，装修有格调，是人们下班之后理想的用餐场所；空间极具私密性，客户互不打扰，尽情欢笑。

» 理念。本店只选用新鲜的深海鲈鱼，刺少肉多、肉质紧实，口感较鲫鱼或草鱼更好。

» 人设。本店老板喜欢和顾客打成一片，每天都会穿着可爱的衣服在门口迎客，若顾客携带孩子到店消费即可获得精美礼物。

» 需求。本店位于交通便利区域，辐射周边方圆 10 千米，并且提供配送服务等。

以上都是用户选择这家烤鱼店的理由。现在大家可以来做一个小练习，请

♡ 39

写下用户购买你的产品和服务的理由，越多越好。这不仅能帮助你梳理自己的产品和服务的卖点，同时也可以让你在接下来的内容输出中更加得心应手。

我运营了一家 ＿＿＿＿＿＿＿＿＿＿＿＿ 店，用户购买我的产品和服务的理由如下。

» ＿＿＿＿＿＿＿＿＿＿＿＿＿＿＿＿＿＿＿＿＿＿＿＿＿＿＿＿＿＿＿＿
＿＿＿＿＿＿＿＿＿＿＿＿＿＿＿＿＿＿＿＿＿＿＿＿＿＿＿＿＿＿＿＿
＿＿＿＿＿＿＿＿＿＿＿＿＿＿＿＿＿＿＿＿＿＿＿＿＿＿＿＿＿＿＿＿

» ＿＿＿＿＿＿＿＿＿＿＿＿＿＿＿＿＿＿＿＿＿＿＿＿＿＿＿＿＿＿＿＿
＿＿＿＿＿＿＿＿＿＿＿＿＿＿＿＿＿＿＿＿＿＿＿＿＿＿＿＿＿＿＿＿
＿＿＿＿＿＿＿＿＿＿＿＿＿＿＿＿＿＿＿＿＿＿＿＿＿＿＿＿＿＿＿＿

» ＿＿＿＿＿＿＿＿＿＿＿＿＿＿＿＿＿＿＿＿＿＿＿＿＿＿＿＿＿＿＿＿
＿＿＿＿＿＿＿＿＿＿＿＿＿＿＿＿＿＿＿＿＿＿＿＿＿＿＿＿＿＿＿＿
＿＿＿＿＿＿＿＿＿＿＿＿＿＿＿＿＿＿＿＿＿＿＿＿＿＿＿＿＿＿＿＿

» ＿＿＿＿＿＿＿＿＿＿＿＿＿＿＿＿＿＿＿＿＿＿＿＿＿＿＿＿＿＿＿＿
＿＿＿＿＿＿＿＿＿＿＿＿＿＿＿＿＿＿＿＿＿＿＿＿＿＿＿＿＿＿＿＿
＿＿＿＿＿＿＿＿＿＿＿＿＿＿＿＿＿＿＿＿＿＿＿＿＿＿＿＿＿＿＿＿

» ＿＿＿＿＿＿＿＿＿＿＿＿＿＿＿＿＿＿＿＿＿＿＿＿＿＿＿＿＿＿＿＿
＿＿＿＿＿＿＿＿＿＿＿＿＿＿＿＿＿＿＿＿＿＿＿＿＿＿＿＿＿＿＿＿
＿＿＿＿＿＿＿＿＿＿＿＿＿＿＿＿＿＿＿＿＿＿＿＿＿＿＿＿＿＿＿＿

* 引导

看完上述内容，有需求的用户大概会产生兴趣，这时，如果能再给出一个简单的引导，就可以起到助推成交转化的作用。

正如在短视频脚本中需加入引导用户点赞或者关注账号的话语，或在直播过程中加入引导用户购买产品的话语，很多时候，一个清晰的行动指令可以引导用户积极互动、参与。

那么，如何引导用户积极互动、参与呢？以一家装修店为例。

» 如果你也想让自己的家变成这样，赶紧联系我们吧！

» 视频下方的定位就是我们店的地址，想装修的朋友可以过来看看。

» 在后台通过私信把你的户型图发给我，我让设计师免费给你制订装修设计方案。

» 团购链接中有粉丝专属抵扣券，1 元抵扣券直接抵扣 1 千元。

我们可以通过为用户提供有价值的信息或者为用户描绘蓝图等引导用户进行下一步的动作，提升引流成交的可能性。

实体店案例举一反三

接下来，我将对一些实体店短视频文案进行拆解、讲评。在此需要强调，对案例的拆解学习，并不是为了复刻他人的内容，而是结合所学知识点，挖掘行业痛点、痒点，把握营销热点、卖点，学习他人长处，同时弥补自己的不足，学会举一反三。

* 汽修店账号文案详解

    沈阳修车 15 年，零投诉。按标准施工，润滑、清洗……每一道工序，都经过千锤百炼，我们坚持为您的爱车提供完美服务。客户每一次光顾都抱有期待，而我们能做的就是满足客户的期待。如果在沈阳您的车需要保养、维修，欢迎到店咨询，我们可为您的爱车定制套餐，您可在留言区留下您的车型。

    » "沈阳修车 15 年"，点明地理标签和行业标签。

    » "15 年""零投诉""按标准施工""每一道工序，都经过千锤百炼"展现汽修店的专业服务和行业口碑，赢得用户信赖，"我们能做的就是满足客户的期待"是汽修店的理念，这些都是用户选择该汽修店的理由。

    » 最后加上引导——"如果在沈阳您的车需要保养""您可在留言区留下您的车型"，大大提升引流效果。

* 烧烤店账号文案详解

    在铜陵爱吃烧烤的人注意啦！上个月我们家的肉串卖了 2 万多串，获得

98%的好评，想知道我们家的肉串为什么那么受欢迎吗？来，我们一起来看看。我们家的肉串用的是新鲜的前腿肉，厚实饱满。切好后腌制 10 分钟，用竹签穿好，上炉大火烤至两面焦黄，滋滋冒油，再刷上我们家的特制秘料……大口吃肉，不要太爽，现在团购有优惠，下单还送啤酒！

» "铜陵""烧烤"，点明地理标签、行业标签。

» "上个月卖了 2 万多串""98% 好评"，用实打实的数据说明销量和口碑；"新鲜的前腿肉""厚实饱满""滋滋冒油""特制秘料"，通过场景化描述，刺激用户食欲。

» "现在团购有优惠，下单还送啤酒"，引导用户下单购买，完成成交转化。

* 宠物店账号文案详解

广州市天河区新开了一家宠物店，你还不知道吗？ 600 平方米大空间，每天 3 次全屋清洁消毒，寄养、洗护、医疗服务一应俱全。我们有 10 名专业训练师和医护人员，全程为你的爱宠保驾护航。新店开业团购力度大，新会员还送一次宠物洗护，赶紧下单吧！

» "广州市天河区""宠物店"，即地理标签与行业标签。

» 对宠物店环境、安全卫生保障、功能设置和专业人员组成的介绍，让用户了解宠物店的实力，这些都是吸引用户购买的理由。

» "新店开业团购力度大，新会员还送一次宠物洗护"，通过提供优惠、福利，引导用户注册成为会员，从而积累粉丝量。

运用"标签＋理由＋引导"的文案模板打造账号内容，大家学会了吗？现在请使用这个模板，参考上方的案例，写出自己店铺的引流文案。

_____店

标签 _____

_____

_____

理由 _____

_____

_____

引导 _____

_____

_____

使用模板的注意事项

看到这里，你会不会产生疑问，如果大家都套用模板来打造账号内容，内容是否会同质化？这样的内容对用户还具有吸引力吗？

针对这样的疑问，有以下3点需要注意。

第一，你是否还记得引流打法的核心逻辑？没错，就是精准获客，到店成交。用户不会因为喜欢一家店的烧烤而每天都来看这家店的内容，用户只要看了一次，感兴趣就会到店，到店体验好下次就会再来，这样这家店就达到了精准获客，到店成交的目的。后期这家店再根据本书的方法打造私域流量池，推出新品时，只需要在微信群里发消息，就可以实现私域流量转化。所以不用纠结用户会不会每天都看账号内容。

第二，门店要给用户提供多个购买理由，每个理由都是一个卖点，可细化后再表述。比如，同样是展现门店口碑，可以说"我们在本地做了十几年了，几乎没有差评"，也可以说"这十几年来，我们服务了很多客户，收获了诸多好评"，还可以说"每次顾客来店里都会说，十几年了，还是喜欢我们家的味道"。

每个理由都有多种表述方式。同时，还可以对不同理由进行组合，比如，第一条视频你说的是理由1、理由2、理由3，第二条视频就可以说理由2、理由3、理由4，第三条视频可以说理由2、理由1、理由4……这样就可以得到较多的组合了。

你要做的就是多测试，哪种表述方式、哪种组合更容易把用户吸引过来，用户在看视频的时候更关注哪些信息，你都要了解，然后慢慢调整，得出一个属于自己的通用模板。

第三，内容视觉化。在使用模板时，我们还需要学会用视觉画面来呈现各种理由。

比如，一家小龙虾店，当说到"你敢相信吗？在深圳市南山区，可以吃到99元的双人小龙虾套餐"时，可以配上满满一大盆、堆成小山的小龙虾放在桌子上的画面，还有饭和各种配菜围成一圈，这就把性价比高视觉化了。

又如一家美容店，当说到"我们店占地 500 多平方米，环境幽雅"时，可以配上工作人员穿着工作服微笑着推开门，阳光照在前台的场景，随后镜头扫过面积很大、摆满了好看的花的大堂，呈现较多房间的优美环境，这就把"环境好"视觉化了。

比如，一家装修公司，当说到"我们有 20 年的行业经验，不放过任何一个小细节"时，可以配上公司装修好的房子的各个细节，如地砖的美缝、为应对南方回南天提前做的措施、卫生死角的处理等，这就把装修公司的"专业性"视觉化了。

我们继续做练习，请把前面写出来的理由视觉化。

理由视觉化：＿＿＿＿＿＿＿＿＿＿＿＿＿＿＿＿＿＿＿＿＿＿＿＿＿

＿＿＿＿＿＿＿＿＿＿＿＿＿＿＿＿＿＿＿＿＿＿＿＿＿＿＿＿＿＿

＿＿＿＿＿＿＿＿＿＿＿＿＿＿＿＿＿＿＿＿＿＿＿＿＿＿＿＿＿＿

到这里，你会发现，把我们要表达的内容用画面去呈现很重要。那么如何才能拍出更好的画面，如何将拍摄的内容剪辑成片，就成了我们接下来要解决的问题。

内容拍摄和剪辑
如何快速上手

说到拍摄和剪辑，很多人都认为这需要专业知识作为支撑，因而产生畏难心理。其实，实体店商家只要学会一些基础操作，只要一个人、一部手机，就能完成拍摄和剪辑。

拍摄三原则解析

无论拍摄图片还是拍摄视频，只需要记住拍摄三原则，即画面稳定、画质清晰、采用三分构图法。

* 画面稳定

虽然现在市面上的许多手机都带有光学防抖功能，但其防抖效果总是不尽如人意。如果一边移动一边拍摄，就很容易造成画面晃动。这时，我们就需要一台稳定器。市面上有很多性价比高的稳定器，实体店商家如有需要可以购置。此外，还可借助三脚架，预先构图采景，设置相机的参数，再搭配遥控器来操控拍摄。相对而言，三脚架易上手，在此不再赘述。

* 画质清晰

现在的手机像素大多能满足拍摄需求，但为什么很多时候我们仍感觉拍摄出来的视频不够清晰呢？其主要原因有以下 3 种。

原因一：视频分辨率设置不对。我们打开手机相机进行设置，可以看到有720P、1080P、2K、4K 等分辨率，分辨率越高，视频越清晰，同时也意味着视频文件占用的手机内存越大。

原因二：光源不足。拍摄时，设备检测到光线不足就会自动进行补光，因此会造成画面泛白或泛黄，模糊不清的情况。最直接的一种解决方法就是使用补光灯。根据拍摄对象的不同，当前市面上有不同功能的补光灯可供选择，如人像补光灯适合拍摄人像，食物补光灯适合拍食物等，我们可以根据自身需求去购置。

原因三：传输方式有误。图片、视频拍摄完成之后在上传至某些平台的过程中会被压缩，造成最终的成片画质不清晰。我们应慎重选择传输平台，可以利用 U 盘、网盘等工具进行存储与传输，保证在传输过程中文件不被压缩，从而避免影响视频清晰度。

* 采用三分构图法

画面好不好看，构图很重要。构图方法有很多，如中心法、对角线法、辐射法等，如果读者朋友对此感兴趣，可以深入学习、了解。我在这里给大家介绍一个万能构图法——三分构图法。

何谓三分构图法？简单来说，就是用两条横线和两条竖线把画面均匀地分成 9

个部分，这种构图法的关键是将重点内容放置在几条直线的交点附近，这样既能避免对称式构图的呆板，又可使画面主体突出，主题明确，如图 2-1 所示。

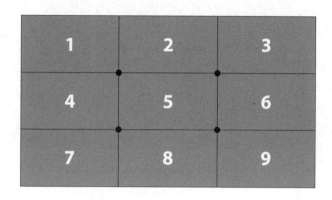

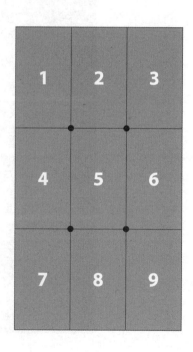

图 2-1　三分构图法示例

图 2-2 人物拍摄示例（一）

如图 2-2 所示，图片可以让人直观地感受不同构图画面呈现的效果。

图 2-2 中的 3 张图拍摄于同一个场景，其中左边的图采用了三分构图法，即把人物放在了交点附近，呈现出较为完美的效果；中间的图把人脸放在了中心点上，上方留白过多，造成画面浪费；右边的图直接用人像充满整个画面，营造了一种画面非常拥挤的感觉，让人觉得压抑。

横版的构图也是一样的，如图 2-3 所示。

图 2-3 人物拍摄示例（二）

目前市面上的手机在拍摄时都是自带分割线，大家可以在相机功能中进行相关设置。

提升剪辑效率的 3 个妙招

了解了拍摄三原则后，我们来了解视频剪辑。目前，市面上有很多视频剪辑工具，只要花点时间琢磨一下，了解一些基本操作就非常容易上手，在这里我就不对基本的剪辑操作展开讲解了，而是给大家介绍 3 个提升剪辑效率的妙招。

* 妙招一

先问大家一个问题，如果你在拍摄视频时发现自己讲错话了，这时应该暂停拍摄，还是直接忽略，继续拍摄呢？

答案是直接忽略，继续拍摄。不少新手在拍视频时容易紧张、说错话，因此会多次暂停拍摄，而这样所形成的素材是小段小段的，且动作不连贯，剪辑起来比较费劲，画面质量也会受影响。

所以正确的做法是不要暂停拍摄，而是让自己停顿几秒，想想台词，然后继续往下说。这样拍出来的素材就是一整段，利用自动识别字幕功能时，对于字幕与字幕之间存在的空白片段，即意识到说错话后停顿的片段，将其剪掉即可，操作简单。

* 妙招二

面对很多人记不住台词的问题，建议使用提词器。现在有很多提词器软件，在微信上搜索"悬浮提词器"，能看到不少可供选择的小程序，选择适合自己的就行。

在此，我要强调一点，在前期不熟练的时候，大家可以使用提词器提示全文，但慢慢熟练之后，建议把全文内容换成一些关键词，甚至可以不用提词器自由发挥，这样会显得更加自然。依赖提词器会让我们在说话时总盯着提词器看，从而忽略表情管理和情感输出，整个人就会显得很僵硬、木讷，导致用户观感不佳。

* 妙招三

建议采用原相机进行拍摄，而不要直接使用自带美颜效果的拍摄软件进行拍摄。使用自带美颜效果的拍摄软件进行拍摄往往会导致为了提升特效而降低画面本身的质量，造成画面不清晰。所以最好的方法是用原相机进行拍摄，同时通过给出镜人员化妆和补光提升画面质感，后期再用相关软件添加美颜效果以及其他效果。

导出视频时，建议选择拍摄时设置的分辨率和帧率。比如，你在拍摄时选择的是 1080P 和 30fls，那么你在导出视频时也应选择同样的分辨率和帧率，以使画面质量保持最佳状态。

短视频标题和封面
实用模板

在发布作品之前，我们应该为作品设计标题和封面。作品的标题和封面是吸引用户眼球的关键，好的标题可以结合标签实现精准的流量触达，好的封面能大大增加用户点击和观看作品的概率，所以掌握撰写标题和制作封面的技巧很重要。

10 种受欢迎的标题

要写好标题并不难，以下提供了 10 种标题的样式供大家参考、学习，勤加练习，你也能写出吸睛的标题。

* 提问式标题

提问式标题就是用问句的形式戳中用户的需求点，引发用户的好奇心和探索欲。举例如下。

装修店：儿童房榻榻米如何防潮？
美发店：你知道最近流行的发型是什么样的吗？

烧烤店：想知道我家烧烤零差评的秘密吗？

你的店：_____

_____

* 痛点式标题

痛点式标题比提问式更加直截了当，用确定的语气说出问题所在，从而引发用户思考，进而觉察到自己是否也有类似的需求。举例如下。

宠物店：别等到狗狗生病了才知道这么做是错的。

装修店：家里装修容易浪费的 10 个"一平方米"。

母婴店：宝宝头型不好看，90% 是因为枕头买错了。

你的店：_____

_____

* 数字式标题

数字式标题利用数字说明道理，让人感觉更具真实性、权威性，令人信服。另外，在汉字中加入阿拉伯数字，比较容易引人注意。举例如下。

汽修店：在常德开了 20 年，好评率 99% 的汽修店是什么样的？

旅行社：10 天、8 个国家、30 个著名景点、0 购物的旅游团来啦！

美容店：这 3 招可以让你的脸部水分增加 30%。

你的店：_____

_____

* 盘点式标题

盘点式标题用数字表示总数，强调信息的整理和收集，主要用于罗列书单、电影清单、音乐推荐列表等信息量比较大的内容。举例如下。

夜宵店：这 10 种不同口味的小龙虾你都尝过吗？

装修店：10 个卫生间装修避坑指南。

母婴店：市面上这 20 多种尿不湿，怎么判断宝宝更合适哪一种？

你的店：_____

_____

* 悬念式标题

悬念式标题是指设置矛盾和疑团，以激发用户阅读兴趣的标题，可以充分引发用户的好奇心。我在这里要强调一点，既然标题引发了用户的好奇心，那么内容就不能空洞无物，驴唇不对马嘴，而是要满足用户解疑的需求。如果只是为了营销而制造一个噱头，结果用户点进来一看，没有什么有用的内容，不仅会离开，而且可能会长按视频并选择"不感兴趣"，容易对账号后续分发造成影响。举例如下。

宠物店：今天有个客户来到店里，说原来宠物店还能这样布置……

烧烤店：烧烤师傅不小心放错一物，顾客却大呼好吃……

装修店：物业对我说，我家装修在小区可算是出了名……

你的店：_____

_____

* 对比式标题

对比式标题就是把两个或多个事物放在一起进行比较，从而突出我们想要推荐的产品或服务。举例如下。

早教店：才短短半个月时间，这个孩子变化就这么大。

母婴店：果然，用对了尿不湿，再也不用半夜起来换床单了。

汽修店：5 年前修车与现在修车，这些"坑"要注意！

你的店：_____

_____

* 共情式标题

共情式标题即设身处地体验用户的处境，了解用户的感受，理解用户的心情，让用户感觉到被理解、被关爱。举例如下。

装修店：幸亏当初没让我妈参与装修！果然是越简单住着越舒服。

宠物店：狗狗总是大声叫，打扰到邻居怎么办？两个动作就能搞定。

烧烤店：加班到深夜很累吧？这里有滋滋冒油的烧烤，还有冰爽的啤酒，让你重新元气满满。

你的店：_____

_____

* 金句式标题

金句式标题通常采用一些广为流传且生动鲜活的句子，以增强内容的趣味性。大家平常可以多关注一下网络热点，锻炼自己的网感，让自己更加敏锐。举例如下。

装修店：交房丑，关我装修什么事？

汽修店：我们是修理工，不是换件工，看都不看就要换零件就是坑钱。

烧烤店：吃一口！感觉人生已经到达了巅峰！

你的店：_____

_____

* 命令式标题

命令式标题采用比较强烈的语气直接给出一个动作指令，引导用户产生相关的动作。举例如下。

装修店：千万别让女生看到这套房子的装修，不然她会完全沦陷！

宠物店：养猫的同学一定要看过来，这5样东西可以在关键时刻保护"毛孩子"。

早教店：宝宝有这3种行为，一定要马上干预，不能听之任之！

你的店：_____

_____

* 热点式标题

热点式标题借用近期一些热点事件、元素来增强标题的吸引力。这些热点可以是社会事件、新闻、节假日、院线电影上映、热门电视剧等。举例如下。

烧烤店：没有什么比下班之后，和兄弟们一起吃烧烤、喝啤酒、看世界杯更爽的事！

美发店：你家"爱豆"的同款发色已上新，不来试试吗？

宠物店：国庆长假，你只管安心去玩，我们来帮你照顾"毛孩子"。

你的店：_____

_____

很多标题不仅限于一种类型，甚至可以是两种或更多种类型的组合，如"数据式 + 悬念式"标题，"热点式 + 对比式 + 数字式"标题等，多多练习，熟能生巧。

4 种封面类型

除了标题，封面也是账号内容的加分项。在这里，我整理了比较受欢迎的 4 种封面类型，大家可以根据自身情况进行选择。

* 人物 + 标题

这类封面以人物角色作为主要呈现内容，搭配对应的标题，用于凸显人设，如图 2-4 所示。

图 2-4 "人物 + 标题"案例

* 场景+标题

这类封面主要展现场景，与标题搭配可以让用户更有画面感和代入感，同时还可以展示门店的环境、设施，或者某个产品的特写等，一举两得，如图2-5所示。

图2-5 "场景+标题"案例

* 纯场景

这类封面重在展现场景，不需要文字介绍就能让用户直观感受到产品和服务，尤其适用于某些家装环境、美食展示等。如果你不希望有多余的信息遮挡和干扰，就可以采用这种封面，如图2-6所示。

图2-6 "纯场景"案例

* 纯主题

这类封面主打"简单粗暴",以"纯色背景＋文字"的方式呈现,偶尔会加一些小的元素进行点缀,对于需要强调主题重要性的行业来说会更适合,如图2-7所示。

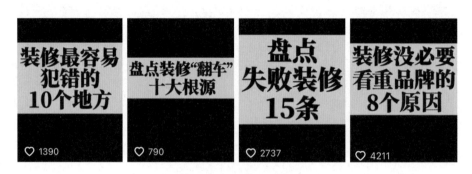

图 2-7 "纯主题"案例

标题和封面的组合创意玩法

当然,如果我们不满足于前面提到的 4 种封面类型,还可以利用平台特点采取一些更有创意的玩法。

* 多联封面

多联封面是指每个封面不仅是独立的个体,组合起来也可以成为一个整体。

针对小红书双排瀑布流的信息呈现形式,双联封面就是很好的选择。在图 2-8 中,左右两条笔记的封面的间隙很小,所以可以做一些设计让两个封面"衔接"在一起。比如，两个封面下方的云朵图案可以连在一起，形成一幅完整的图片。

图 2-8　双联封面案例

不过因为上下两条笔记的封面中间有标题、头像和点赞数等内容，间隙比较大，所以一般不考虑四联封面。当然，双联封面的特点在于两条笔记的封面能对齐，所以如果我们要采用这种封面样式，标题的行数一定要相同，比如，固定一行字或者固定两行字，这样就能让两条笔记的封面对齐。

在抖音平台，各个作品的封面间隙很小，而且没有标题或其他信息干扰，因此可以做成三联封面、六联封面甚至九联封面，如图2-9、图2-10所示。

不过比小红书双联封面要难的是，三联封面、六联封面和九联封面关联的作品比较多，你必须在短时间内上传完所有作品，否则联封就不完整，而且你还需要注意作品发布的顺序。以三联封面为例，短视频在抖音平台上发布的顺序一定是倒着的，即按照第三个、第二个、第一个的顺序发布，也就是先发最右边的，这样最终呈现出的才是我们看到的案例中的样子。

同时你还需要注意保证这些作品都没有问题。如果有一个作品审核未通过，那么联封的呈现就不完整了。

图 2-9　三联封面案例

图 2-10　六联封面案例

* 立体感封面

立体感封面主要通过增加第三维度的元素展现更为生动的效果，在视觉上形成强烈的立体感和真实感。在图 2-11 中，封面图中的人物"破圈"呈现，通过图层叠加，让整个画面有了立体感。

这样极具立体感的封面是怎么做出来的呢？我以美图秀秀 App 为例，教大家快速制作具有立体感的封面的方法。操作步骤如下。

图 2-11　立体感封面案例

第一步，打开美图秀秀 App，点击"图片美化"选项。在"最近项目"选项中找到要做成封面的图片，点击图片进入编辑页。

第二步，点击下方菜单中的"文字"功能给图片加上标题，并将其移动到相应的位置，如人物的头上，同时盖住人物的一部分头发或其他部位。

第三步，点击字体的"样式"选项，找到"橡皮擦"功能，将文字与图片重叠的地方用橡皮擦擦除。这样就能得到如图 2-11 所示的立体效果了。

实体店如何做好
选品和排品

账号的经营目标是通过对产品或服务的视觉呈现，吸引用户点击、关注甚至实施购买行为。因此，如何选品和排品，就显得尤为重要。

选品的三大原则

* 应时应季

应时应季，即指依照季节、时令来选品。古人说："应时而食，对味也。"很多产品是季节性的。例如，夏天卖风扇，冬天卖棉服，都是为了满足用户的当下需求。除了季节、时令，商家也要善于利用各种节日。如，儿童节、七夕节，我们可以推出相应的节日套餐；每年的开学季，也可以安排相应的产品。

* 契合受众

选品还需考虑受众需求，对目标人群进行精细化分析，给粉丝群体建立画像。针对不同的粉丝群体，选品也要呈现差异性及针对性。

* 货源优势

资源优势是指商家如果能掌握一手货源，就能拥有更大的利润空间，从而可以给用户更好的福利。

这三大原则在商家有效选品的过程中都很重要。比如，一家装修店可以在梅雨季节提供防潮上门检测和维护服务，在七夕节可以为新婚夫妇提供新房装修5.2 折的优惠等；一家宠物店，可以为附近小区的宠物免费检查身体，或者免费洗护 1 次等；一家烧烤店，可以提供快速响应的配送服务，保障食材新鲜可口，或者可以与啤酒供应商合作，推出性价比高的啤酒等。

以上三大原则，大家都已经理解了，现在请结合自己的实际情况，写下你选品时是如何应用三大原则的。

应时应季：＿＿＿＿＿＿＿＿＿＿＿＿＿＿＿＿＿＿

契合受众：＿＿＿＿＿＿＿＿＿＿＿＿＿＿＿＿＿＿

货源优势：＿＿＿＿＿＿＿＿＿＿＿＿＿＿＿＿＿＿

排品的万能模型

根据三大原则进行选品后，接下来就要排品。

排品只需要记住这个万能模型：**引流款产品 + 利润款产品**。

什么是引流款产品？引流款产品就是我们可以做出最大化让利的产品，让用户感觉抢到就是赚到，从而到店购买，增加成交转化的概率。商家一般会采取免费或者低价策略，如将产品的价格定为 9.9 元、19.9 元等，如果定价过高就会让用户失去尝试的动力，也就达不到引流的效果。

什么是利润款产品？利润款产品就是我们可以获得较高利润的产品。虽然利润款产品的定价较高，但仍要让用户感觉产品有较高的性价比，这样才能吸引用户下单购买。举例如下。

一家装修公司，其引流款产品可以是免费上门量房、提供装修设计方案等，利润款产品可以是为业主提供全屋整装、全屋定制服务等。

一家烧烤店，其引流款产品可以是到店免费赠饮、免费试吃新菜品等，利润款产品可以是烤羊腿、麻辣小龙虾等。

一家宠物店，其引流款产品可以是 9.9 元购买宠物洗护服务一次、免费给宠物做身体检查等，利润款产品可以是给宠物做造型及办理宠物寄养等。

一家美容店，其引流款产品可以是 19.9 元体验精致美肤一次、19.9 元体验精油按摩一次等，利润款产品可以是全身精致美肤、豪华按摩套餐等。

一家健身房，其引流款产品可以是免费体验专业教练陪练 3 天、免费使用多功能淋浴间等，利润款产品可以是专业教练 1 对 1 训练、办理健身房年卡等。

商家可以推出多款引流款产品和利润款产品，并可以将其组合推出。商家在排品过程中，可以通过多次实践发现成交转化率最高的产品组合，并重点打造这类组合，最终实现利润最大化。

请大家思考一下自己的店的引流款产品和利润款产品分别是什么，并写下来。

引流款产品 1 ： _____

引流款产品 2 ： _____

引流款产品 3 ： _____

......

利润款产品 1 ： _____

利润款产品 2 ： _____

利润款产品 3 ： _____

......

选品、排品注意事项

* 简单易操作的产品

商家在账号经营的前期主要是为了跑通从引流到成交的闭环，所以不建议设计太过复杂的产品，简单易操作为宜，这样商家自己好操作，用户也好理解。

* 不要忽视隐性成本

引流款产品固然很重要，但如果与利润款产品的组合的成交转化率不高，那么整个产品组合都可能亏损。因此我建议商家不要为了打价格战而不断压低价格，或者无限提供免费服务，因为这背后的隐性成本也将计入总成本，会压缩利润空间。

* 用数据说话

虽然商家了解自己的产品，但并不等于了解用户需求，所以商家应多尝试、多了解，不要先入为主、盲目乐观，只有对市场进行多番调研，用数据说话，才能精准地把握用户需求。

* 不盲目跟风

有些商家看到别人的产品卖得好，就马上跟风去卖。盲目跟风的后果就是造成市场饱和，竞争激烈，利润空间被压缩。此外，竞争对手可能有更低价的货源，或者有其他你不了解的产品优势，盲目跟风可能会导致严重的亏损。因此，商家要理性，决不可盲目跟风。

实体店如何布局
直播间的人、货、场

不少人有这样的疑问：零粉新号可以开直播吗？答案是可以的。直播的特点之一就是能实现账号与粉丝之间的实时互动。短视频从选题到拍摄、剪辑再到发布，最终被用户看到，用户通过评论与账号实现互动，整个过程可能需要好多天。既然存在这样一个时间差，就会产生很多无效的交流，直播则不存在这个问题。

但随着直播行业的快速发展，如今的直播不仅能为商家提供与用户交流的机会，还能为商家提供引流获客、成交转化的好机会，所以有越来越多的商家从注册账号初始就开展直播业务，并做出了不错的成绩。

人、货、场是带货直播的基础三要素，对其的安排是决定一场直播效果的关键。实体店要做好直播，就要深入解读人、货、场三要素。

直播间的"人"

对于直播间的"人"，主要从两个维度去考量。

第一，提升主播的状态。主播需要时刻保持良好的状态，把积极向上的一面呈现给用户。通过对主播形象、人设的打造，用户能对主播产生信任，更容易在主播的引导下达成交易。

比如，我们看一些夜宵档的直播间，主播一边忙碌地炒着饭，一边还不忘与直播间的用户互动。主播的状态一直都是很专注、很积极的，这样用户才更愿意一直与主播互动下去。

此外，还可以适当地对主播进行包装，通过化妆、造型等方式更好地展现主播的气质。

第二，关注用户的状态。一些主播不关注用户的留言，总是自顾自地讲，这样不仅会导致冷场，还会影响直播数据，进而影响后续流量。主播要做的是将用户尽量久地留在自己的直播间，并且让用户与自己互动。良好的互动将极大地提高粉丝的活跃度，增加转化成交的概率。

比如，有的宠物店的直播间，除了分享宠物健康小知识，还会定期分发宠物洗护优惠券，用户通过评论或抢福袋即可获得，各种好玩的互动环节自然会吸引用户留在直播间。

直播间的"货"

带货直播基础三要素中的"货"，包括我们如何在直播间中展示自己的门店或产品，其重要性与门店的装修以及产品的陈列类似。一些主播不懂得"货"的重要性，直播画面里往往只能看到主播，缺乏对产品和服务的相关展示，这样就无法让用户第一眼就知道商家提供的是什么产品和服务。

比如，一个美业账号的主播为用户讲解一台专业美容仪器，主播可以一边介绍美容仪器的品牌、外观和功能，一边请直播间的工作人员配合使用，展示使用效果，这样用户就能更直观地了解该美容仪器的功能。

比如，一家水果店做直播，就可以把应季热销水果摆放在主播面前，主播可以详细地介绍水果的产地、供应链等，适时切开一两个，并请直播间的工作人员现场品评，这样用户就能第一时间感受到水果的品质，从而下单购买。

直播间的"场"

直播间的"场"，即用户看到的直播间的环境和感受到的直播间的气场、氛围。直播时有两种拍摄方式：一种是固定位置拍摄；另一种是移动式拍摄。

如果想给观众营造良好的观感，以下这些设施可供选择。

1.　话筒

话筒不仅可以让主播的音质更清晰、突出，还能有效降低周围环境音的影响。

2.　补光灯

很多时候画质不清晰主要是因为亮度不够，这时我们就需要购买一台补光灯改善状况。补光灯主要用于照亮主播面部，如果想要更好的效果，还可以将轮廓灯放在主播的侧面或后面，勾勒出主播的轮廓。当然，如果是美容店这种对于面部呈现要求更高的，建议再放一个眼神灯在主播正前方，让主播的眼睛看起来炯炯有神。

3. 背景墙

直播间的背景墙建议以浅色为主，不要太花哨，物品摆放要整齐，不建议使用纯白色背景，容易反光。背景墙上要有品牌的标志，还可以把优惠套餐和用户福利写在背景墙上，让用户一目了然。

4. 提词本或提词器

针对主播紧张导致的临场忘词或者忘记流程的情况，可以在一张大白纸上写下要点信息，然后贴在主播面前，这样就可以提醒主播接下来要说的内容。当然，如果有助理根据直播情况，操作可实时调整内容的提词器就更好了。

5. 充电宝、充电线

直播耗电量比较大，所以需要提前备好充电宝、充电线，以防直播设备没电，影响直播效果。

6. 网络情况

对于室外的直播，最重要的就是网络情况，建议提前踩点，测试直播时要经过的地方是否存在信号盲区。

实体店直播人、货、场案例拆解

接下来，我们通过几个案例直观感受一下直播间人、货、场的安排。

* 花艺店直播间，如图 2-12 所示。

» 人：直播画面以主播为中心，
主播穿着大方得体、清新自然，
符合产品调性。

» 货：主播前方的桌面摆放着上
架产品，右下角弹出相应的产
品链接。

» 场：利用盆栽植物点缀画面氛
围，同时用暖黄色的灯光营造
氛围，恰如太阳照耀，绿植欣
欣向荣的生长场景。

图 2-12　花艺店直播案例

♡ 73

* 蛋糕店直播间，如图 2-13 所示。

» 人：主播戴黑色手套，以示对食品卫生安全的重视。

» 货：对面包内部进行直观展示，使画面更有冲击力。

» 场：桌子上摆放着面包以激发用户购买的欲望；背景以暖黄色调为主，广
告灯箱上的店名突出，给用户留下深刻的印象。

图 2-13　蛋糕店直播案例

图 2-14　服装店直播案例

* 服装店直播间，如图 2-14 所示。

» 人：直播画面展示主播全身主要是为了展示主播的穿搭。

» 货：除了展示身上的主推款产品，主播还会不断地为用户推荐各种产品，并将其放到镜头前进行细节展示。

» 场：背景运用气球拱门及其他气球装饰来烘托直播间氛围；直播间陈列了多款衣物，主播身上穿着的衣服和直播间的风格是一致的，这让整个画面更和谐。

* 宠物店直播间，如图 2-15 所示。

» 人：主播极具亲和力，镜头感强，与用户积极互动。

» 货：主播面前摆放着几款不同的猫粮，同时右下角也不断弹出产品链接引导用户购买。

» 场：直播间以暖黄色调为主，主播背后的架子上放置了多款猫粮和猫玩偶，标语"让养好猫不再是负担"贴合产品调性；直播间到处都是与猫相关的元素，为用户营造舒适的消费氛围。

图 2-15　宠物店直播案例

* 文具店直播间，如图 2-16 所示。

» 人：这个直播间主要展示的是文具，因此出镜的主要是主播的手，便于展示文具的细节。

» 货：除了主播手上拿着的文具，桌子上还摆满了各式各样的文具。

» 场：背景为整齐排列的文具，产品丰富，能激发用户的购买欲。

图 2-16　文具店直播案例

如何实现
安全高效的引流

在学习了如何拍摄、剪辑短视频和开设直播后，接下来商家就应该考虑如何引流。之前我们强调过，鉴于平台之间的激烈竞争，若有不当操作，账号可能会被平台警告，面临被禁言甚至被封号的风险。那么，我们应该如何实现安全高效的引流呢？

不同的平台，其风格调性、玩法规则不一，我将带领大家一一进行梳理。

抖音安全引流方法梳理

* 企业信息引流

企业号的简介下方可以显示相关的企业信息，如联系电话、指定链接、展示地址、展示门店环境等，如图 2-17 所示。

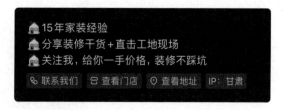

图 2-17　企业信息引流案例

* POI 引流

企业号注册成功后，我们可以在后台领取信息点（Point of Interest，POI）地址，该功能类似于抖音上的大众点评。领取方法是进入企业服务中心，在"促营收"板块中找到"门店认领"。认领之后，企业号每次发布视频就会自动附加门店坐标信息，用户通过导航就可以实现到店消费，如图 2-18 所示。

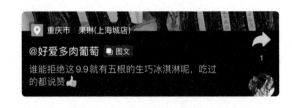

图 2-18　POI 引流案例

* 商家页面引流

企业号提供了商家自定义页面功能，即商家可自行对账号页面进行设计。点击"主页装修"按钮，在上面可以加"在线预定""服务产品"等多种引流渠道，如图 2-19 所示。

图 2-19　商家页面引流案例

* 简介引流

可以在编辑简介时输入"@"，下方就会出现账号选择，如图2-20所示。点击下方出现的账号头像，即可将账号的超链接添加在简介中，用户点击后即可直接跳转到链接账号，实现引流效果。注意，只有当两个账号互相关注时，彼此才会出现在可选账号列表中。

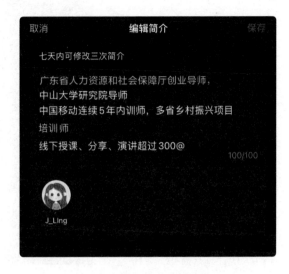

图 2-20　小红书编辑简介页面案例

* 笔记标记引流

在发布笔记的过程中，可以添加"标记"，如图2-21所示。

图 2-21　添加标记

♡ 79

点击"标记"按钮，可以
看到可添加标记类目分为
"用户"和"地点"两种，
如图 2-22 所示。如果我
们希望用户跳转到某一个
账号上，可以直接点击下
方"为你推荐"的账号，
也可以直接在搜索框中搜
索要跳转的账号名，然后
点击该账号即可；同理，
如果我们希望用户跳转到
某个地点，进行同样操作
即可。

图 2-22　选择跳转账户

微信视频号安全引流方法梳理

微信视频号借助微信生态圈实现了较好的引流效果，微信视频号有 3 种主要的
引流方法可以使用。

* 简介 @ 账号引流

与其他平台不同，微信视频号可以直接在简介中输入"@"，然后就可以输入
其他的微信视频号账号形成关联。我们可以直接 @ 关联账号，方便引导用户
添加该账号。

* 公众号引流

如果我们有公众号，就可以点开"我的视频号"头像栏后，点击右上角的3个点（隐藏功能区），勾选"以公众号身份展示视频和直播"，这样就可以在视频号的主页看到公众号链接，我们只需在公众号设置关注自动回复微信号，就可以实现引流。

* 企业微信引流

在微信视频号管理后台绑定企业微信，微信视频号账号主页就会直接出现"添加微信"按钮，用户点击该按钮即可添加企业微信。

至此，关于整个闭环的打造已讲述完毕，大家可自行实践。打造闭环是账号经营的基础，完成了闭环打造，接下来，就是不断地强化与放大账号的商业价值。

流量篇

从这里开始，我们进入流量篇的学习，对这部分内容的学习可以帮助我们知晓如何获得更精准的流量，进而可以验证我们闭环打造的学习成果。

如何利用关键词
获取更多平台流量

梳理行业关键词

前文已经为大家介绍了标签，也就是关键词的设置，接下来大家可以拓展思路，考虑该如何找到更多的行业关键词。在时间、精力有限的情况下，合理使用工具，能让我们节省出更多的时间和精力去做更重要的事情。

以装修行业为例，行业名称本身就是极具代表性的关键词，用户可以"装修"这一关键词为基础进行延展。

在各个平台的搜索框中输入"装修"二字，就可以得到很多与之相关的词组。

在抖音平台输入"装修"二字进行搜索，可以看到"一镜到底""简约现代风格""设计""效果图""公司"等词组（搜索结果会动态变化），如图3-1所示。在这里，可能有人会说，"一镜到底""公司"这两个词并不符合前文提到的标签的两大原则。

图 3-1 "装修"相关搜索页面

的确，如果单独看这两个词，的确不符合标签的两大原则，但如果将它们和"装修"进行组合，就变成了"装修一镜到底"和"装修公司"，也就符合了。所以我们要考虑到标签的组合使用。

在搜索结果页面中切换到"话题"栏，就可以看到除了"装修"这个词，还有"装修人""家装装修""装修设计""装修避坑""装修日记""装修知识"等词，这些词即是组合使用的关键词，如图 3-2所示。我们也可以在快手、小红书等其他平台使用类似的方法找到更多可以使用的关键词。

图 3-2 "装修"话题页面

在此，我再给大家推荐一个工具——巨量算数，在微信小程序中即可搜索使用（见图 3-3）。该工具依托抖音、今日头条等内容场景，基于平台数据积淀和技术优势，整合相关关键词并进行梳理，为用户提供多方面决策依据，而且是免费的，不用登录、不用注册，即搜即用。

在巨量算数小程序搜索框中输入"装修"，在跳出的结果页面中切换至"关联分析"一栏（见图 3-4），就可以看到两类关联词，一类是内容关联词，另一类是搜索关联词。

图 3-3　关键词搜索页面

图 3-4　关联词页面

内容关联词是指在内容中和搜索词同时出现的频率比较高的词。比如，在搜索"装修"时，"装修"和"施工"、"装修"和"室内设计"同时在内容中出现的频率较高；搜索关联词是指这些词在用户搜索过程中，与"装修"同时出现的频率比较高的词，比如，"装修"和"现代"、"装修"和"厨房"等。把这些关联词收集起来，也是很好的关键词资源。

借助以上操作我们便可以获取多样化的关键词。如果你觉得还不够，那么可以把收集到的每个关键词再重复一遍上面的操作。比如，你通过上面的操作得到了"室内设计"这个关键词，将它放到各个平台中进行搜索，就又可以得出一系列和室内设计相关的关键词，然后继续重复操作就可以得到更多的关键词。

对关键词进行筛选和排序

通过上一步，我们已获取了很多关键词，因为获取关键词的途径不同，所以容易出现关键词重复的情况，我们可以运用办公软件 Excel，把获取到的所有关键词都录进去，通过快速筛选去除重复的关键词即可。

接下来，我们需要对剩下的关键词进行进一步的筛选，有些关键词是系统匹配的，不一定和行业有较大的关系，我们需要把和自己行业关联性强的词筛选出来。

然后，我们要对关键词进行排序，为什么要排序？因为不同关键词在同一个平台的权重不一样，最直接的表现就是不同关键词在同一个平台对应的已有视频的播放量不同。

如何确定不同关键词对应的播放量呢？以"外卖"这个关键词为例，在抖音搜索框中输入"外卖"两

图3-5 "外卖"的话题页面

个字，在搜索结果页面切换到"话题"栏，就能看到"外卖"在抖音的热度以及其关联词在抖音的热度，如图 3-5 所示。

从图 3-5 中可以看到，"外卖"一词在抖音有 359.8 亿次的播放量，此外，与之相关联的"外卖小哥"一词有 631.9 亿次的播放量，"外卖员"一词有 28 亿次的播放量。

小红书的数据显示方式与抖音有些不同。如果直接在该平台搜索栏中进行搜索，只能看到对应关键词的发帖量，虽然该数据也能用于参考关键词热度，但相比之下，浏览量更有参考价值。那么，怎么在小红书上查看关键词的浏览量呢？具体方法有以下两种。

第一种，在搜索框中输入"夜宵"一词，点击搜索，会出现很多搜索结果，如图 3-6 所示。

点击任意一个笔记，查找笔记中是否包含话题"# 夜宵"，如果没有，换一篇笔记查找即可，直到找到"# 夜宵"，如图 3-7 所示。然后点击该话题，即可看到对应的浏览量了，如图 3-8 所示。

第二种，用户在发布笔记时，点开

图 3-6　话题搜索页面

图 3-7　找到对应话题

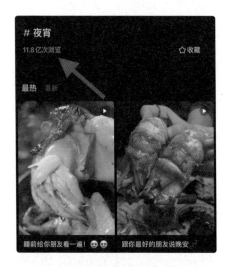

图 3-8　话题浏览次数

图 3-9　发布笔记时可看到的"＃夜宵"浏览量

输入页面，可以在"添加正文"中点击"＃话题"，再输入"夜宵"一词，就能看到夜宵及相关关键词的浏览量了，如图 3-9 所示。

我们为什么要查看关键词的播放量或浏览量呢？因为它们反映了用户的需求，我们在发布内容时，带上播放量或浏览量高的关键词，就可以大大提升内容的热度。

关于关键词的使用，我再给大家提供两个小技巧。

技巧一：通过设置专属关键词统计账号所发布视频的总播放量。比如，我在小红书上发布视频时，都会带上"＃黑马唐"这个专属关键词，而我只需要通过搜索"＃黑马唐"就可以快速知道自己发布的内容的总播放量是多少。如果你也想统计你的内容的总播放量，那么，你也可以设置一个专属关键词，并确认之前没有人或者极少有人用过该关键词，接下来每次发布内容都带上该关键词即可。

技巧二：我们可以为行业创造一个新的关键词。2019 年有博主在深圳做运动康复工作，而与"运动康复"有关的内容在当时的抖音中还未出现，该博主第一时间使用该关键词，并在抖音中发布专业内容。也有读者担心新的关键词太小众，不能被用户理解和接受，无法形成大规模的讨论，造成内容浏览量惨淡，对于这一点，我建议大家可采用旧词带新词、大词带小词的方法进行化解。

以"运动康复"为例，与之相关联的"健身""康复"都是出现得比较早且浏览量不低的词，可用于增加"运动康复"的曝光率和热度。发布视频时带上"健身""康复"等词，这样发布的视频就能得到较好的曝光，"运动康复"这个词也就会得到相应的曝光，流量也就慢慢积累起来了。到现在，"运动康复"这个词在抖音已经有超过上百亿的播放量了。

运用关键词获取更多流量

在正式讲解这部分内容之前，我想考一下大家：如果我想要发布一个关于"90 后"新婚夫妇装修的内容，用以下哪个标题容易获得更高的曝光率？标题一：这样装修更省钱；标题二："90 后"新婚夫妇这样装修更省钱。有的人会认为，第一个标题更具普遍性，会让人产生能覆盖更多受众的感觉，而第二个标题中的"'90 后'新婚夫妇"局限性比较强，能吸引的人群较为有限。但真的是这样吗？

我们先来了解一下一些平台的推荐算法逻辑：在正常情况下，平台会为新发布的内容匹配一些基础流量，并通过基础流量的完播、互动等相关数据判断是否继续为该内容分配更多的流量。

根据上面提及的算法逻辑，我们可以分析前述两个标题的优势。因为发布的内容本身就是关于"90后"新婚夫妇装修的内容，也就是说主要是这类人会对该内容感兴趣。所以如果我们用标题一，平台会认为我们想要将内容推荐给所有想要装修且省钱的人，于是平台可能会为该内容匹配各个年龄段的用户。比如，匹配的100个用户里，"70后""80后""90后""00后"各有25个，这样做会导致目标人群减少，最终看完内容的，可能是25%的"90后"用户，使得内容完播率较低。

如果是标题二，平台抓取到的是"90后""新婚夫妇""装修"这几个关键词，它就会优先将此内容推荐给这类人，可能看到该内容的100人里，有80人都是"90后"，剩下20人是其他年龄段的人。那么，即使80个人里只有一半的人看完，其完播率也能比标题一的高，并且由于完播率高，该内容也更容易获得更多的曝光。这就是关键词选择与运用的意义，要想获得更精准、更有效的数据，就要学会运用、组合关键词。

同理，以母婴店宣传童装的视频为例，标题一"这些童装也太好看了吧！"和标题二"这些适合两岁宝宝的童装也太好看了吧！"相比之下，后者能得到的初始流量其实更多，在数据的支撑下，后者的后期曝光率也会随之增加。

除此之外，我们还要尽可能地在标题或者正文中添加有效的关键词进行引流。比如，装修公司发布内容，可将标题"做对这一步，你的家也会变得很好看"，优化为"装修十大避坑指南，你的家也可以设计成样板房"，包含了"装修""避坑指南""家""设计""样板房"等关键词，自然就能匹配到更多的目标用户。又如，夜宵店可将标题"喜欢吃烧烤的可以看过来"，优化成"烤羊腿、小龙虾、烤生蚝，还有什么比一顿烧烤能更快消除一天疲劳的呢？"这样关键词就丰富多了。再如，房屋中介发布的内容的标题是"今天我们来看一下这套房子"，关键词只有"房子"，显然是不够的，可将之优化成"在西安，花 10 万元首付就能拿下的精装小别墅是什么样的？"这样关键词就多了"西安""10 万元""首付""精装""别墅"，更容易匹配到精准的用户，为账号引流。

接下来请大家做做练习，对下面的内容进行优化，丰富其关键词。

（美容店）原句：做好这 3 步，可以让你年轻 20 岁。

优化：_____

_____

（宠物店）原句：有宠物的看过来。

优化：_____

_____

（数码店）原句：新款笔记本电脑全新上市，敬请期待。

优化：_____

_____

如何升级优化文案

升级文案的 3 个秘诀

如果想让我们制作、发布的内容被更多的用户看到，得到更多用户的喜欢，就需要对脚本、文案进行升级，我在这里要教给大家 3 个秘诀。

* 抓需求

用户"刷"短视频，有些是为了娱乐消遣，有些是为了购物消费，有些是为了学习提升……抓住用户的需求点，并在文案中直接点明，就可以快速抓住用户眼球。

比如，针对一家理发店，用户担心的是什么？是怕有隐形消费项目。那么，文案可以直接点明："一家明码标价的理发店，你要不要来试试？"通过关键词"明码标价"打消顾客的疑虑。

又如，针对一家装修店，用户担心的是什么？是一直监工浪费时间，是后续出了问题没人管。那么，文案可以直接点明："装修进度随时报备，你可以安心去玩；装修之后有任何工程问题，两年内免费处理。"

再如，针对一家蛋糕店，用户最想要的是什么，是可以定制生日蛋糕，是可以当天预订当天配送。那么，文案可以写明："生日蛋糕随心定制，最快两小时即可送货到家。"

* 亲切、接地气

很多主播在面对镜头时可能会因为紧张而显得严肃、木讷，而这些情绪也将传递给屏幕前的用户，让他们感觉不适，用户更希望主播能像朋友一般亲切、接地气。适当地在文案中加入语气词，或者结合当下网络热点营造轻松氛围，能让主播变得亲切、接地气。

比如，"这个小龙虾的味道真的特别好"和"哇，这小龙虾也太好吃了吧"，是不是后者更接地气一些？"这个房子的装修很好看"和"从进门的那一刻，我就舍不得离开了，这里也太漂亮了吧！"是不是后者更像朋友说的话？

主播还可以把拟定好的文案与身边熟悉的人进行交流和探讨，用日常语言去表述，并根据对话效果不断修改、调整，主播的表达就会日渐亲切、轻松、接地气。经过长期的练习，主播就能在镜头前展现最舒服、最轻松的状态。

* 趣味性

如果能让用户从我们创作的内容中获得愉悦感，暂时忘却生活中的烦恼，那么我们创作的内容就成功了一半。

比如，沙发很大，你可以说："这个沙发是给大象准备的吧？"；烹饪的食物里要加矿泉水，你可以说："加入 82 年生命的源泉"；理发师不会推销会员卡，你可以说："我们这里理发过程安安静静，只要您不开口提问，全程'无打扰模式'。"

优质文案拆解

接下来，我将带领大家一起来学习一篇优质的文案，从而加深对 3 个秘诀的理解。

> 花 100 万元，在西安买这样一套空中小别墅是一种什么样的体验？
>
> 今天，我们来看一套占地面积 95 平方米的复式别墅。
>
> 5.4 米的挑高，转角大玻璃，这个采光真是太棒了！
>
> 再来看一下，这是未来咱们家的餐厅，整块大理石做的西餐岛台，晚上回来可以坐在这儿小酌一杯。
>
> 我们再来看一下中式厨房，这里采用的是落地玻璃，非常漂亮，在这儿做一盘酸豆角炒肉末或者一份红烧大肘子，哇，绝对香喷喷！
>
> 再看一下洗手间，非常大，下班后泡个澡肯定非常舒服。
>
> 卧室也有大落地窗，落日余晖照进房子里，窗外便是夕阳笼罩着的满目青翠，主打一个生态怡人。
>
> 这个房子令你心动了吗？喜欢的朋友可以点点小红心，关注我获取房源信息，谢谢。

"花 100 万元""在西安""空中小别墅"，点明地理标签和产品属性，开门见山，直击用户需求。

整篇文案多处使用了语气词，这能让文案显得亲切、轻松、接地气，给用户传递轻松舒适的感觉。"5.4 米的挑高"，真实的数据让用户全面、准确地了解产品，便于做出决策。"这个采光真是太棒了"，也是接地气的一种表达方法，比"采光非常好"的表达效果好很多。

"未来咱们家"，让用户产生代入感，人们对于美好事物的向往都是相同的，把话说到用户心里，让用户有获得感、满足感，是一种表达技巧。

"晚上回来可以坐在这儿小酌一杯"，通过语言营造画面感，相信用户听到这句话，脑海中也会浮现出自己坐在岛台旁，举着高脚杯，细细品味醇厚美酒的场景，幸福感油然而生。

"酸豆角炒肉末"和"红烧大肘子"都是家常菜，通过与日常生活的连接，拉近与用户的距离。

"落日余晖""满目青翠"是城市中稀缺的，是人们向往的，这样的表达展现了环境的优越性，让用户产生憧憬与渴望。

结尾处"喜欢的朋友点点小红心""关注我""获取房源信息"是在引导用户操作，进而实现精准引流，提升转化率。

文案撰写的一些补充技巧

除了 3 个秘诀，我再给大家讲解一些技巧，帮助大家优化文案。

* 和"我"有关

和"我"有关与"未来咱们家"类似，能让内容与用户产生关联，让用户产生代入感。比如，"现在越来越多的人不喜欢和父母一起住"和"你是不是和我一样，不喜欢和父母一起住？"前者讲的是别人的事，后者讲的则是你、我的事，从而拉近了与用户的距离。

又如"专业午托你值得拥有"和"你就安心上班，孩子交给我"，同样的内容通过不同的方式表达能产生不同的效果，后者更像是在向家长做出承诺，注入了情感，更能打动人心。

* 避免抽象

避免抽象就是要把一些抽象的概念变成实实在在的客观数据，或者更能让用户直接感受到的情绪。

比如，"我家水果种类非常丰富，应有尽有"和"我家水果多达 32 种，有我们常见的哈密瓜、葡萄，也有不太常见的释迦果"，前者就很抽象，后者直接明确告知用户自己店铺中一共有多少种水果，用户也就能直观感受到水果种类的丰富。

又如，"这个房子好舒服"和"看完这个房子我都舍不得走，只想直接住进来"，"来了都舍不得走""只想直接住进来"表现出对这个房子极度喜欢，从侧面衬托出房子的品质。

* 制造优越感

比如，"这么多干货赶紧学起来"和"把这些搞懂，你就是专家了，下次你朋友遇到同样的问题，你就能帮他快速搞定"，后者告诉用户通过掌握知识可以帮助他人，让用户肯定和认同自己，从而提升用户的优越感。

如何搭建
账号矩阵和高效运营团队

搭建账号矩阵的作用

相信大家都听说过账号矩阵，但账号矩阵具体是什么却又说不清楚，因此我想先为大家介绍账号矩阵的相关基础知识。账号矩阵是账号运营的高阶玩法，是指一个运营主体开设或联动多个账号，可实现账号之间互相引流，或者引导流量垂直分类，转化精准流量，以账号组的形式实现营销效果最大化。账号矩阵有 3 种呈现形式，分别是单平台多账号矩阵、多平台单账号矩阵，以及多平台多账号矩阵。

单平台多账号矩阵是指在单一平台上进行多账号运营；多平台单账号矩阵是指在多个平台上都设有账号，但每个平台都只有一个主要账号；多平台多账号矩阵是指在多个平台上都设有账号，而且每个平台上都有多个账号联动运营。

可能有人要问，搭建账号矩阵有什么用呢？主要有以下 3 个作用。

第一，实现多元化。账号的垂直度高是账号经营成功的重要因素，关于某个领域的内容越细分、越具体、越专业，账号的垂直度也就越高，这样能更加精准地获客，转化率更高。但大多数账号在某个细分领域内还兼营其他内容，如服装行业，不仅有男装还有女装，这就需要开设新的账号宣传新的内容和产品，从而实现内容和产品的多元化，同时也不影响账号的获客精准度。

第二，扩大影响力。如果只在单一平台开设账号，可能就无法接触到其他平台的用户，也就无法扩大自身的影响力。因此，在多平台搭建账号矩阵就好像是开设连锁店，在不同的城市或者区域都开设连锁店，就能覆盖不同区域的人群，店铺的知名度自然就会提升。

第三，协同引流。账号矩阵中的多个账号之间可以相互引流，比如，第一个账号已经运营了一段时间，并积累了一些粉丝，那么当我们开设第二个账号时，就可以用第一个账号为其做一些宣传，引发账号之间的协同联动，为第二个账号铺垫人气，实现有效引流。

账号经营初期应先打造闭环，跑通引流变现路经，所以我建议不要一上来就把精力花在搭建账号矩阵上。那么，什么时候才适合搭建账号矩阵呢？我认为，当客流比较稳定的时候，才适合搭建账号矩阵。短视频或直播是拓展流量和客户的渠道，我们可以根据自身投入的时间和精力，换算出大概的成交转化量，在此基础上再进行评估，考量是否开展多账号的协同经营。

例如，某人运营了一个分享装修经验的账号，根据线下月成交量，他定下了每个月获得一笔线上订单的目标，当能稳定达成目标之后，他就开始在其他平台搭建账号矩阵，各账号同步分发内容，花同样的时间获得更多的获客渠道，最终，线上成交量远远超过了线下成交量。

再如，一家兴趣培训机构一开始运营的是围棋账号，渐渐地，这个账号成为机构的主要线上招生渠道，随着很多学员主动展现对其他兴趣课的需求，经营者便收集、整理学员的需求，并根据其需求开设了象棋账号，同时通过围棋账号对象棋账号进行引流，后来新账号的营销成果显著，最终实现了账号矩阵营销的效果最大化。

如果成交转化达到预期效果，或是用户的多样化需求亟待满足，我们就可以着手搭建账号矩阵了。在此，我要提醒大家，合理分配时间和精力，千万别为了搭建账号矩阵而让原来的账号荒废了。

如何高效搭建账号矩阵

既然已经明确了搭建账号矩阵的重要性，那么我们应该如何搭建账号矩阵呢？大家可以参考以下两点。

第一，多账号形成互补。比如，前面所举的兴趣培训机构的例子，围棋账号与象棋账号形成互补，满足用户的多样化需求，尽可能覆盖更多层次、更多方面，从而吸引更多有潜在需求的用户。

又如，你的店是多家小龙虾品牌连锁店，你在广州市天河区开直播，承诺半小时送餐上门，很多天河区的用户纷纷下单。但其他城区就无法保证半小时送达了，怎么办呢？你再开一个号在海珠区直播，再开一个号在越秀区直播，然后渐渐覆盖广州的每一个城区，实现全城半小时送达，这也是多账号间的互补。

第二，发布在不同平台上的账号内容应根据平台调性进行微调。对于同样的视频素材，账号经营者可以根据不同平台用户的喜好、习惯等对封面、标题、文案、剪辑手法进行差异化调整，从而产生不一样的效果，以吸引不同平台的用户。

比如，装修类账号在发布卫生间装修避坑指南时，在抖音上，可以直接用卫生间漏水导致墙面被泡发的画面作为封面，配上标题"卫生间这么'搞'肯定会漏水"，这样就很贴合抖音用户的喜好。

而在小红书上，就可以把卫生间漏水的画面做成封面，然后搭配标题"卫生间装修九大问题盘点"，正文内容是对 9 个问题的总结和描述，丰富且实用的内容会激发用户第一时间点赞、收藏。

如果该内容要在微信视频号上发布，标题可以写成"你和你身边的人有没有遇到过卫生间漏水的情况？"然后在评论区加上一句"觉得有用的话欢迎点赞并将视频转发给有需要的人"，引导用户点赞和转发，利用微信视频号的社交属性，使该内容被更多的用户看到。

如何打造高效运营团队

搭建账号矩阵面临的最大问题就是时间和精力不够，经营一个账号就已经花费了几乎所有的时间，那么运营矩阵账号又该怎么办呢？答案就是扩充团队。

高效运营团队至少应配备 4 人，成员组成应根据内容形式确定。例如，经营短视频账号就至少需要演员、策划人员、剪辑人员和运营人员各 1 人。演员负责主要人设的呈现；策划人员负责选题策划、脚本撰写等；剪辑人员负责内容拍摄、剪辑、图文输出；运营人员负责内容上传、数据分析和跟踪投放等。

如果是经营直播账号，则需要主播、助理、场控人员和客服各 1 人。主播负责主要人设、话术的呈现；助理负责补充主播话术，提醒主播流程；场控人员负责商品上、下架，清点库存，监测直播数据等；客服负责售前、售中、售后的用户咨询，以及引导用户互动与成交。

每个运营团队在运作熟练的情况下，可以同时运营 3~5 个账号。为了提升工作效率，实现高效引流，运营团队除了多多磨合、协同合作，也需要关注以下内容。

* 熟悉当下热门的内容

每天花适当的时间（一般不低于 2 小时）去"刷"短视频，尽可能使用公司的账号去"刷"，这样可以保证内容足够丰富。用自己的账号"刷"到短视频的可能是某一类的内容居多，这样比较难获取全面的信息。

对于"刷"到的每个视频都需要认真分析系统将其推送给你的原因是什么，该视频点赞量高的原因是什么，评论多的原因是什么，视频中用了哪些段子或者音乐。

* 定期开展头脑风暴，进行信息分享与复盘

针对每个成员所收集到的信息不同，运营团队可以通过开展头脑风暴分享彼此收集到的信息，然后汇总起来，形成一个巨大的素材库。经过不断分享与磨合，团队成员也会变得越发默契。对于当下很流行的内容有不同的见解，输出内容相对就会轻松很多。

多角度提升内容质量，获取平台流量

如何利用声音元素获取精准流量

在前文，我已为大家介绍了一些通过视觉呈现进行引流的方法，而声音元素的设计则是通过听觉呈现吸引用户的注意力。我们内容中的声音元素主要有 3 种——原声、音效和背景音乐。

* 原声

原声就是我们拍视频时收录的声音，如主播对着镜头口播的声音。

也许你会好奇，为什么声音也可以帮助我们获取流量？其实，合理利用各种元素，对元素进行精心设置和打造都是可以产生引流效果的。例如，有些主播会用方言进行直播，方言的使用会给来自同一区域、使用同一方言的用户带来亲切感，从而拉近主播与该类用户的距离。

比如，你在武汉市江夏区卖油焖大虾，如果你用当地的方言去拍视频，刷到视频的本地人就会更有亲切感，更有可能看完视频，而外地人可能因为听不懂而直接划走，这样就可以让你的流量更加精准。

当下，随着技术的不断发展，很多剪辑软件都有自动生成语音的功能。以剪映

App 为例，其"音色选择"功能区中就有很多不同的方言可以选择。

功能的使用方法是：打开剪映，点击"开始创作"按钮，导入视频素材后，点击"文本"按钮，再点击"新建文本"按钮，再输入你需要生成语音的文本内容，然后点击"文本朗读"按钮就可以看到方言选项了。

当然，由软件自动生成的语音，会有一些不自然，所以我建议还是尽量使用真人的声音。真人的声音听起来不仅更加自然，也独具格调和韵味，使视频风格更加鲜明。

* 音效

心随声动，音效是短视频的点睛之笔，加入合适的音效，会让短视频变得更加生动有趣，有利于情感的渲染和氛围的营造。

剪辑软件也提供了很多的音效供我们选择，如图3-10 所示。

用这些音效作为视频的开场或者在视频中间进行点缀，能让视频获取精准流量。

图 3-10   音效页面

同样以剪映 App 为例，点击"开始创作"按钮，导入你的视频素材，点击"音频"按钮，再点击"音效"按钮，在搜索框中输入"惊讶""卡音声效"等关键词，点击"搜索"按钮即可找到对应的音效。

* 背景音乐

除了原声和音效，适当地使用背景音乐，不仅可以让整个视频的风格更加鲜明，还能让用户产生极强的代入感。

比如，一家旅行社发布目的地为敦煌的跟团游宣传片，以与月牙泉、沙漠、丝绸之路等相关的视频素材搭配一首《千年的祈祷》，非常有意境；再如，宣传成都时，配上一首《宽窄巷子》，成都的味道一下子就有了。

此外，我们要注意使用背景音乐的目的是给视频加分，因此要选择与视频内容调性相符的音乐。如果视频中使用了人声和音效，应处理好背景音乐与它们之间的关系，主次分明，才能让整体效果更好。

如何通过 POI 获取精准流量

POI 是 Point of Interest 的缩写，可翻译为"信息点、兴趣点"，闭环篇中我们曾简单提及，下面将介绍其设置方法。我们可以简单地把 POI 理解为把门店相应的信息同步到账号中，用户便可直接看到门店的营业时间、特色、主打产品等相关信息。该类信息可以通过以下 3 种方法设置。

第一，最简单的方式就是每次在发布内容的时候加上定位信息（地理标签），可以是城市的名字、区域的名字、某个地标的名字或者具体的街道名字等。这样当内容成功发布之后，平台会识别相应的定位，然后把内容划分到同城流量池中，这样就会有更多同城用户刷到这条内容。

第二，被认证为企业号的抖音账号，其主页的简介下方有"增加企业信息"

按钮，点击进去可以看到"展示地址"按钮，选择地址填入即可。

第三，同样是被认证为企业号的账号，在"展示地址"的下方，可以看到"展示门店"的字样，勾选之后可以在搜索框中搜索自己门店的名字。比如，我们的店叫"二姐烧烤"，搜索之后可以看到结果中有很多叫"二姐烧烤"的店，正常情况下，如果搜索结果中有我们的门店，就会优先显示在最上方，如果没有，可以往下找一找，实在找不到可以点击下方的"没找到门店？可自行创建"按钮，如图 3-11 所示。

然后会弹出创建门店页面，如图 3-12 所示。

图 3-11　企业号搜索页面　　　　　　图 3-12　确认地址页面 ♡ 107

我们可以在这里输入自己的门店名称、所属行业、所在地区和详细地址，同时在地图中确认坐标位置，然后按照提示提交材料即可，审核通过后就可以进行认领。认领之后，就可以在账号主页的简介下方看到"查看门店"的按钮。此后每次发布视频时，我们都可以选择加入门店地址或城市坐标，这样就可以获得更精准的同城流量，更好地引流。

如何通过投放获取精准流量

很多人只知道投放可以帮助我们"上热门"，其实它还可以帮助我们获取精准流量，甚至可以让我们的视频被固定范围内的人"刷"到，怎么操作呢？这里我以抖音平台为例。

第一个方法：如果视频中没有添加门店地址，可点击视频右下角的"上热门"按钮进入"DOU+上热门"页面，然后在"我想要"下方的选项中选择"获取客户"选项，可以看到下方有3个收集销售线索的选项，分别是"抖音私信""联系电话"和"落地页"（见图3-13），接下来选择你想要的销售线索即可。比如，你选择落地页，那么抖音就会把你的视频推荐给那些需求匹配且更愿意填写落地页的用户，你获取的用户相对就会比较精准。

图 3-13　销售线索页面

第二个方法：如果视频中没有添加门店地址，可在"DOU+上热门"页面中，选择"自定义定向投放"。在图 3-14 中，我们可以看到下方有"地域（单选）"选项，可在全国、按省市、按区县、按商圈、按附近区域 5 类中进行选择，系统提示"单选"，也就是说我们只能选择这 5 类中的一类。

图 3-14　自定义定向投放页面

选择按省市、按区县和按商圈中的任意一类后还可进行多重选择。比如，选择区县后，你可以在区县选择中，把天河区、海珠区、番禺区等都勾选上，如图 3-15 所示。这意味着你的视频会被同时投放给这些区域的用户；同理，如果你按商圈选择了北京，那么你可以同时勾选地安门、什刹海、西单等商圈，视频就会被投放给身处这些商圈的用户。

图 3-15　按区县选择

选择"按附近区域"后，我们可以直接在地图上设置视频投放范围，先通过搜索框确定中心位置，然后在下方设置投放半径，分别有 6km、8km、10km 等选项（见图 3-16）。

图 3-16　选择"投放半径"

选择相应选项后，我们就可以看到图中以我们的选点为中心，出现了一个以选项为半径的蓝色半透明圆形，这个圆形覆盖的区域内的用户都有可能刷到我们投放的视频。

第三个方法是如果视频中已显示"门店地址"，那么在发布视频之前，我们可在"添加作品描述"下方选择"添加位置/门店推广"（见图3-17），从而添加自己认领的门店的地址，这样在发布的视频左下角的账号名称上方就会显示一个绿色的定位图标，后面写着店名。这时点开视频右下角的隐藏功能区，可以看到原本是"Dou+上热门"的按钮变成了"本地推"，这是抖音专门为实体店做本地流量精准推广而设置的功能，"本地推"的设置页面如图3-18所示。

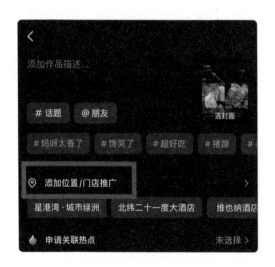

图3-17　选择"添加位置/门店推广"

图3-18　"本地推"的设置页面

在这个页面的"更想获得什么"中有"门店浏览""用户互动""粉丝增长"等设置。"门店浏览"是指提升门店页面的浏览量；"用户互动"是指推广作品，提升作品的点赞量、评论量和转发量等；"粉丝增长"是指通过推广作品，精准地获取对作品、账号感兴趣的用户，从而提升粉丝量。我们可以根据自身需求进行选择。

现在请大家做个练习，尝试着给自己的门店进行一次投放，记录好投放前的数据、投放金额、投放方式和投放后的数据。接下来，我们将在数据分析模块中学习如何通过这些数据判断投放效果。

投放前的数据：_____

投放金额：_____

投放方式：_____

投放后的数据：_____

如何提升
播放量、点赞量、评论量等各项指标

众所周知，在短视频的运营中，各项数据指标是十分重要的。很多人只知道短视频数据指标包括播放量、点赞量、评论量等，实际上，平台对于数据指标的划分还有更加具体的标准，接下来我将与大家一起学习，以便我们后续能更好地进行数据分析。

短视频的 5 项核心指标

影响账号权重，也就是影响账号在平台中重要性及流量分配的核心指标一共有5 个，它们分别是投稿活跃度、互动指数、播放量、完播率和粉丝净增量。

* 投稿活跃度

投稿活跃度是指账号 7 天内发布的作品数量的多少，发布的作品越多，代表账号越活跃。对此，有读者就会提出疑问："要不要日更？"答案是能日更当然最好，甚至可以一日多更。

看到这儿，又有读者免不了发问："一天之内发布多条视频难道不会被系统限流吗？"我可以肯定地告诉大家，不会。细心的话，大家应该可以发现，很多账号在直播的过程中会不停地发布引流视频或者直播的切片视频，这些视频的点赞量、评论量都比较少，甚至没有，这是否意味着视频被限流了？其实不然，因为视频只要被用户刷到，就意味着没有被限流。因此，多发视频并不会影响账号的权重，但我们要始终记得，发布视频的目的是获得精准的流量，进而实现转化成交，而不只是获得很高的点赞量和评论量等。

如果你能保证视频质量，那么我建议每天能发多少就发多少。假设你一天发 10 条视频，哪怕每条视频的播放量只有 100，10 条视频的播放量也就有 1000 了。

因为投稿活跃度是影响账号权重的核心指标，所以我们不能太久不更新，尤其是新号，太久不更新就会造成粉丝快速流失，还会被平台判定为不活跃账号，平台就不再给账号分配流量了。正常情况下，最低要求是每周发布 1 条，但尽量把每周发布 2~3 条作为自己的最低标准，然后在这个基础上尽可能地多发视频。

* 互动指数

互动指数是指 7 天内账号发布的视频所获得的点赞量、评论量、转发量等数据的综合得分，每个平台都有自己的一套计算方法，且存在较大的差异。比如，抖音的互动指数不包含收藏量；而在小红书，收藏量可以说是所有互动指数中最重要的一项。

* 播放量

播放量是指 7 天内视频被播放的次数。播放量反映了视频的优质程度，播放量越高，平台分配给视频的流量也就越多。

播放量与曝光量或展现量有所区别。曝光量或展现量反映的是视频被推送给用户的次数。只有当用户点开视频进行播放，才计一次播放量。

比如，某个平台送你一张 10000 的曝光券，你使用了之后发现播放量只有 100。你可能觉得很奇怪，但真实的情况是你的视频封面被 10000 人看到过，但最后只有 100 人点进去看视频了，所以播放量只有 100。

* 完播率

完播率是指 7 天内视频的完整播放率，即看完视频的次数占总播放次数的比重。每个平台对完播率的重视程度不一。比如，抖音就很重视完播率，甚至有 2s 跳出率、5s 完播率和整体完播率 3 个指标。

* 粉丝净增量

粉丝净增量是指 7 天内净增的粉丝数量，它由两个数据计算得出，一个是涨粉数，一个是掉粉数，涨粉数减去掉粉数就可以得到粉丝净增量。所以当掉粉数比涨粉数多时，会出现粉丝净增量为负数的情况。

提升短视频各项数据指标的方法

提升短视频各项数据指标的基础是做好数据分析，这样才能对各项数据指标进行优化、调整。对短视频展开数据分析是很重要的一个步骤，尤其是在闭环打造完成并需要提升精准流量的时候。某账号之前发布的短视频存在较大的问题，完播率较低，而且播放时长分布曲线往往在短视频开头的前几秒就出现断崖式下降，对账号展开数据分析并对内容进行优化之后，其发布的短视频的数据得到了明显的改善，5s完播率从15.5%提升到44.9%，点赞率也提升了2倍多，播放时长分布曲线下降走势放缓，整体完播率从0提升到10%左右。

通过上面的例子，我们可以发现，对账号进行数据分析，并依次对内容展开优化，是提升数据指标的有效方法。那么我们应该如何做好数据分析呢？一共分为4个步骤。

步骤一：制定一个数据分析表，其中包含播放量、完播量、点赞量、评论量、转发量、涨粉量等相关数据。

步骤二：定时进行数据记录，如每24小时记录一次，每周汇总记录一次等；按固定周期对数据进行分析，进而掌握数据的变动规律。

步骤三：对自然流量数据和非自然流量数据进行区分。我解释一下这里出现的新名词：自然流量数据主要是指我们在发布视频之后，不做任何动作而自然产生的播放量；非自然流量数据是指我们在发布视频之后，通过转发、分享或投放等动作产生的额外播放量。两种流量获取方式可结合使用，如自然流量进入下滑阶段时就可启动对非自然流量的获取，保持高效引流。

步骤四：对自然流量状态下数据差异过大的作品进行分析、研究。比如，平时我们的视频的平均播放量是500左右，可能有以下两种情况发生。

一种是某条视频的播放量突然涨得很快，不仅快速达到500，还冲到了5000，这种就是有爆款潜质、能带来较大数据提升的视频，我们需要对视频进行分析，研究用户在评论区的反馈，并将其与以往视频进行比较，看看该视频做了哪些改变等。通过对数据的分析，我们便可以挖掘用户喜好和市场需求。

还有一种是某条视频的播放量很少，低于平均播放量，可能只有几十，甚至是个位数，这种情况我们也要注意，大概率是因为视频中包含了某些敏感词或者违禁词而被平台限流。我们需要进行筛查分析、研究，以免下次出现同样的情况。

对数据进行分析是一项烦琐、艰巨的工作，但对账号的运营优化很有帮助。通过数据分析，我们可以知道什么样的内容更容易被用户喜欢，什么样的话题曝光度更高，哪个时段投放内容的效果更好，从而更好地分析现状，触达目标用户。

现在大家都知道了数据分析的重要性，进行数据分析的目的是提升各项数据指标，那么我们具体又该如何操作呢？接下来，我们来学习如何使数据指标提升。

* 投稿活跃度

在所有短视频核心数据指标中，我们能完全掌握主动权去提升的就是投稿活跃度，只要你提高了更新频率，投稿活跃度就会不断提高。小红书账号后台显示，每周投稿超过 7 篇，基本上就超过了 80% 的用户。相当于做到日更一篇，在投稿活跃度方面就已经可以成为小红书平台前 20% 的人了。

当然，虽然数量很重要，但大家也不能忽视作品的质量，宁缺毋滥。我们要做的是在保证作品质量的情况下，尽可能增加数量。

* 播放量

一般账号发布的内容的播放量都会超过 100，如果浏览量为个位数，那么大家就要明白一件事——内容大概率是因为违规被平台限流了。正常情况下，不管是发布在抖音、小红书还是微信视频号上的内容，一般都会有 100 或者几百的初始流量。平台会通过这些初始流量测试内容的有效性，测试内容能否吸引用户观看甚至互动。

如果发布的内容的播放量过低，就需要对账号进行违规检测。一些平台自带检测功能。比如，在抖音平台，用户可以点开个人主页右上角，找到"设置"，点击"反馈与帮助"，进入页面后，再点"账号状态检测"，根据相关提示进行操作即可。

如果平台没有检测功能，用户也可以对照下面这个清单进行排查。

» 检查账号后台是否有官方发送的违规警告信息。
» 检查发布的内容是否画面模糊、抖动，声音嘈杂等。
» 检查发布的内容对音乐的使用及对热门话题的转发、讨论是否合规。

对以上内容进行检查、优化之后，再尝试发布一周的内容，如果数据指标仍然没有提升，我建议注销账号，重新注册一个账号。不过需要提醒大家的是，如果账号之前存在较为严重的违规操作，平台是不允许注销账号的，因此只能重新绑定信息进行注册。

* 完播率

如果作品的播放量不错，但完播率很低，这就意味着，我们的作品在关键词上做得比较好，系统匹配到了用户，但是用户并没有把内容看完就划走了，造成作品的完播率低，也就是说，我们制作的内容不够有吸引力，无法让用户产生兴趣。

抖音完播率分为 5s 完播率和整体完播率，那么这两个完播率之间存在什么关系呢？

从图 3-19 中我们可以看到，在播放量相差不大的情况下，二者的 5s 完播率相差不到 10%，但后者的整体完播率却大大高于前者。这就意味着，如果用户愿意看完作品的前 5s，那么整个作品的完播率将会大大提升。研究表明，根据"沉没成本"原理，用户在作品前期花费的时间越长，就越倾向于把整个作品看完，这就说明我们可以通过提升 5s 完播率来间接提升整体完播率。那么，该如何提升呢？具体方法如下。

图 3-19　完播率对比

1. 亮点前置

与撰写文案的底层逻辑一样，把能抓住用户眼球的内容前置，从而吸引用户深入探索。比如，一些作品会把表情最夸张的、姿态最美的或者画面最舒适的内容放在最前面，用户一下子就被吸引了，大概率会继续往下看。

2. 互动引导

有些作品中会设置互动引导话术，比如，"看到最后有惊喜""多看几遍会有启发""最后一点最重要"等，以让用户接收指令，提升整体完播率。

3. 评论回复

评论回复也可以提升完播率，商家应使用话术引导用户就作品内容展开讨论。用户评论"这个烧烤看起来也太香了"，如果商家回复"谢谢"，这个话题就终止了。为了避免话题终结式回复，我建议大家可以反问对方，将话语主动权掌握在自己手里。例如，商家可以回复："您在哪个区？我们提供免费配送服务哦！"通过提问引导用户回复，用户回复评论时，会再一次打开作品，而且一般情况下用户在评论时都不会暂停播放，那么完播率就会在用户一次次评论和回复评论的过程中得到累加。此外，如果评论区够丰富、有意思，用户就会被吸引，同时也能提升完播率。

4. 设置"彩蛋"

在作品中设置"彩蛋"，可以引发关注，吸引用户。比如，在发布的作品下方用小号发布评论，引导用户关注一些细节，引发用户的好奇心。举个例子，你可以用小号评论"你们有没有看到后面那个人的表情"等，其他用户看到之后就会很想再确认一下，于是会打开视频重看一遍，完播率自然也就提升了。

* 点赞量

用户点赞作品一般有两层意思：一是对内容表示认同，觉得很符合自己的心意，于是做出点赞这一行为；二是认为内容具有价值，通过点赞收藏视频，方便之后再看。没错，很多用户习惯通过点赞收藏作品，因为点赞过的作品会被收集到喜欢列表中。以抖音为例，以前喜欢列表是无法进行隐私操作的，有的人不希望别人知道自己喜欢什么，于是会选择收藏喜欢的视频，但现在抖音喜欢列表可以进行隐私操作了，就有更多的人直接把点赞当作收藏功能用了。

针对以上两种情况，我们可通过下面的方法提高点赞量。

1. 增加引导

用户很多时候不是不愿意点赞，而是忘了点赞，所以这时如果我们对用户进行引导，用户就会点赞。比如，我们可以在一个作品中两次引导点赞，中间引导一次，结尾引导一次，若内容质量好，作品点赞量自然就会很高。

当然，为了方便对内容进行投放，建议不要直接使用"点赞"这个词，可以替换成"点亮小心心""点亮小爱心"之类的表述。

2. 强化结尾

很多时候，点赞行为出现在观看作品的中后期，也就是用户差不多把内容看完或者已经看完了之后。所以我们可以在结尾处强化点赞行为，比如，在结尾处加一句"点个小爱心，下期更精彩""点关注，不迷路"等，从而增加用户点赞的概率。

3. 丰富内容

对优质的、有价值的信息进行整理、收集，增加作品内容的知识密度、深度，就会让用户觉得作品的内容很好，信息量大，需要反复看，于是用户会通过点赞收藏作品，这样也可以增加用户点赞的概率。

如何判断我们的作品是好还是不好呢？此处引入一个概念——赞播比。赞播比是指一个作品的点赞量与播放量之比，能反映作品受欢迎的程度。在内容足够好的前提下，播放量越高，点赞量也会相应提升。赞播比的公式为：

赞播比 = 单个作品的点赞量 ÷ 单个作品的播放量

比如，一个作品的点赞量是 500，播放量是 4000，那么赞播比就是 500÷4000=0.125。表 3-1 是一个赞播比数据标准表，我们可以参考表中内容判断我们所制作的作品是否受欢迎，并进一步思考如何对作品进行优化。

表 3-1　赞播比数据标准表

赞播比	判断结果
< 0.02	非常低
0.02~0.05	比较低
0.05~0.1	普通
> 0.1	较高

* 评论量

用户评论作品，不仅代表作品让用户产生了思考，让用户有了表达与互动的欲望，还能提升播放量和完播率。尤其是在快手这种以评论见长的平台上运营账号，更需要重视评论量这项指标的提升。

账号在经营过程中经常遇到播放量与点赞量"齐飞"，但评论量却很低的情况，这意味着作品的内容质量很好，但缺乏话题性。我们该如何解决这类问题呢？我建议大家可参考、使用以下方法。

1. 及时回复评论

用户评论，大多是因为作品引发了其表达与互动的渴望，所以他们希望自己的评论被看到、被回复。作为创作者的我们应该积极回复，满足用户的期待，增强用户的参与感，提高评论量。

2. 引导互动

我们可以在标题、评论区中引入互动环节，鼓励用户进行评论和讨论。我们可以在评论区与用户互动时，多多提问，引导用户评论，如"你还遇到过什么问题？欢迎在评论区一起讨论""你的户型图是什么样的？我们给你出设计方案""你觉得小龙虾是蒜蓉的好吃还是麻辣的好吃"等，从而提高评论量。

此外，也可以多账号联动，在评论区里营造热烈氛围。比如，用小号在评论区提出反对意见："我觉得你说得不对，应该是……"再用大号进行回复。在激烈的辩论中，既让用户有了互动、讨论的欲望，也可以通过辩论表明自己的观点，展现自身的专业性。

3. 设置话题性内容

话题性是指一个内容或主题值得被讨论的重要性和关注度。作品话题性的设置可以通过添加同领域话题、呈现槽点与卖点、引入热门话题等方式实现。当然，前提是我们设置的话题要与我们的行业、产品或服务内容有关，而不是单纯地为了提升热度而制造话题，不然用户看了热闹就走了，不会产生任何的精准转化。

如何判断我们的评论多不多呢？此处再引入一个概念——评赞比。评赞比是单个作品获得的评论量与点赞量的比值。对于想要获得更多曝光、吸引更多用户关注的账号经营者而言，提高评赞比非常重要，其公式如下：

评赞比 = 单个作品的评论量 ÷ 单个作品的点赞量

表 3-2　评赞比标准表

评赞比	判断结果
＜ 0.01	比较低
0.01~0.02	普通
0.02~0.1	比较高
0.1~1	非常高
＞ 1	极端情况

比如，一个作品的评论量是 50，点赞量是 500，那么该作品的评赞比就是 50÷500=0.1，表 3-2 是一个评赞比标准表，我们可以参考表中内容判断我们的作品是否激发了用户的讨论和参与。

* 转发量

转发量是指作品被用户转发的次数，除了点赞、评论、收藏，其他的互动行为基本上都可以归到转发中。比如，分享、私信、下载等都可以算作转发的一种。转发量越高，通常表示作品的传播效果越好。那么，我们该如何提升转发量呢？

1. 引导分享

我们可以在作品中、评论区里引导用户分享。比如，我们可以在视频中说："大家觉得视频好看的话，别忘了分享给身边的人。"

2. 强调人群

在内容中，我们可以加入让人看了比较有分享欲望的人群标签。比如，"老公看了直点赞的新款车衣""让老婆爱不释手的卧室设计"等，用户看到对应内容时，就更愿意将其主动转发给对应的人。

3. 运用恐慌心理

这类似于商业运营中的"饥饿营销"，利用的是用户的恐慌心理。比如，"这个视频很快就会删掉，怕错过的可以先下载"等，促使用户第一时间下载视频。前文我们已经介绍过，除了点赞、评论、收藏，其他的互动行为都可以归到转发中，所以下载也有助于增加转发量。

涨粉的核心要素

在学习涨粉的核心要素之前，我们先来回答一个问题：用户在什么时候会选择关注一个账号？

有时，用户突然刷到一个不错的视频，看了好几遍依旧不满足，于是点击账号头像进入主页，看看其是否还有更多同类型作品。在满足期待与需求之后，用户一般会选择关注该账号，期待该账号后续作品的更新。所以，用户关注账号，其实是因为有"期待"，期待该账号给自己带来更多、更好、更有价值的内容。

因此，涨粉的核心要素就是给予用户"期待"。正因为对整个视频的内容有期待，用户才会看完整个视频；正因为对直播的产品有期待，用户才会持续在直播间等待那个喜欢的产品出现。而用户点击关注成为账号的粉丝，就是对账号的作品充满期待的表现。

那么问题来了，我们要如何使用户对我们产生期待呢？

＊　人物魅力引发的期待

无论是观感上给人带来愉悦的"小哥哥""小姐姐"，还是凭才华与能力出圈的"大叔"，他们无一例外地散发着个人魅力，让用户获得了定向的情感反馈，于是用户就对他们产生了期待。

* 设置悬念引发的期待

很多时候我们沉迷于追剧乐此不疲，是因为每一集的结尾都设置了一个很大的悬念，或者因为下集预告中的内容非常精彩，这些都会让我们对下一集充满期待。同理，在我们刚开设账号的时候，账号主页的作品数量本身就不多，这时靠主页去吸引用户关注的可能性是较小的，而下期预告就很好地弥补了这个缺陷。

* 内容拆分引发的期待

我们有时候可以看到一些账号把一个主题的内容分成很多集，这样也能让用户产生期待。用户可能看到上集时觉得很喜欢，那么自然就知道会有中集和下集，也会愿意先关注账号然后慢慢看。

内容拆分对我们自身的帮助也是很大的，尤其是在前期选题不多又需要保证更新频率的时候，我们就可以拆分内容，把一个作品的内容拆分成好几部分。不过要记得，如果我们进行了内容拆分，要在标题或者封面处标明序号，并且拆分的每部分内容应该是相对独立且完整的，不能在中间断开，否则会给用户不好的感受。

* 身份认同引发的期待

对于与自己相关的内容，人总会格外关注。在作品中着重强调用户的身份标签或者共同关注的话题，用户可以从中关照自我，获得情感慰藉，这样既能引发用户产生共鸣，又能让他们产生兴趣与期待。

* 固定的发布时间、频率引发的期待

当我们按照固定时间、固定频率去发布内容，而且在简介或者正文都加以说明后，用户就会知道我们的内容会不断地定时更新，并形成期待。

优秀的内容创作者，拥有洞察人心、影响用户偏好的能力。参照以上方法与建议，我们便可以不断打磨作品，创作优质内容，使用户产生期待。

粉丝篇

从这里开始，我们进入粉丝篇的学习。通过这一篇的学习，我们将获知涨粉的底层逻辑和技巧，也将学会更多粉丝运营与维护的技巧。

如何对
账号主页进行优化

很多人不太注重账号主页的视觉呈现，认为只要内容好或者产品好就可以了，但账号主页其实是用户认识账号的关键部分，就如同一个人给他人的第一印象，账号主页影响着用户对账号的评价。因此，账号主页做好了，不仅可以让用户有良好的体验、对账号有深入的了解，也能增强用户黏性和账号对用户的吸引力。

此外，清晰明了的页面布局也将帮助用户降低时间成本。比如，在标题中点明作品的主要内容，把内容的亮点放在作品的前几秒等，都是为了让用户能第一时间获取信息，从而提升用户体验，这样用户才会更愿意看我们的作品，配合我们的引导一步步做出相应的行为。

接下来，我们来学习一下如何对账号主页进行优化。

账号主页的五大关键元素

用户点击、浏览进而进入我们的账号主页的行为逻辑一般可归纳为"被作品吸引 → 进入账号主页 → 对账号的一系列内容产生期待 → 关注账号"。账号主页能展现账号风格，突出企业文化与调性，以及展现人设魅力，在将用户转化为粉丝方面能起到关键作用。

优化账号主页，我们可以从以下五大关键元素入手。

* 背景图

账号主页正上方有可以自定义的背景图，不同平台的背景图尺寸有差异，但不影响整体布局，都可以在上传时进行调整。

* 头像

头像影响着用户对账号的专业性和方向性的判断，选择头像时，应考虑相关因素。当然，头像在后续运营中也可以根据需要进行修改。

* 账号名称

账号名称应具有较高的可读性和可理解性，以便用户辨认、搜索与识别。一个好的账号名称应该能给用户留下深刻印象，让用户一下子就记住，方便传播。

* 账号简介

账号简介相当于一个简短的自我介绍，一份合格的账号简介要能突出账号定位，展现账号价值，增加记忆点。我们应尽可能用最精简的文字在账号简介中把账号的亮点呈现出来。

* 作品封面

我们在闭环篇中学习了作品封面的相关内容，相信大家应该还记得作品封面的呈现形式以及创意呈现技巧。在粉丝篇中，我们会补充"置顶"功能的讲解。

如何优化各个关键元素的视觉呈现

为了更形象生动地讲解，我将以自己经营的抖音账号和小红书账号主页为例进行讲解。从图4-1中左、右两图的对比可以看出，不同平台的账户主页虽然页面布局稍有不同，但包含的主要元素基本上是一样的。

图 4-1　不同平台的主页布局

* 背景图优化

背景图是一个非常好的广告位，我们应该利用好这个位置，不能让它空着，也不能随便放一张无关紧要的图片。那么，我们该如何优化背景图呢？

1. 个人形象展示。我们可以将背景图设置为与人设相关的照片。比如，我的账号主页的背景图是一张我在中山大学讲课的照片，既展现了我平时的工作状态，又和我"广东省人力资源和社会保障厅创新创业导师"的身份产生了关联。如果我们的账号是以突出人设为主的，背景图也可以是人物特写，这样更有视觉冲击力。

2. 引导关注。我们可以将一张包含"关注我"等信息的图片作为背景图，如包含"关注我可以免费领取家装大礼包""关注我到店消费立减 20 元"等信息的图片，这相当于把关注和福利信息进行了捆绑。

3. 展示门店。门店的门头照片、前台照片或者店内场景图都可作为背景图，这样的照片能让用户第一时间感受到店铺的风格与调性。

4. 展示产品。我们可以把产品或服务信息放在背景图中，如果我们是一家装修店，还可以把我们设计过的优秀案例作为背景图，这样能让用户第一时间了解我们的设计风格；如果我们经营的是一家水果店，也可以将应季的水果特写图作为背景图。

5. 补充信息。有时我们通过账号简介无法把所有的亮点都呈现出来，这时我们就可以把账号简介中没有提到的信息展现在背景图中，这样用户可以通过背景图中的内容了解我们想传达的更多信息。

在这里，我再给大家讲一个大多数人设计背景图时都会忽视的细节问题——遮挡。有的情况下，手机以及平台自带的一些功能区会覆盖在背景图上，如时间、信号、电量标志，以及账号头像和简介等，稍不注意，就可能造成背景图中的关键信息被遮挡。因此，在设计背景图时要注意避开相应的地方，保证关键信息不被遮盖，这样用户的体验感也会更好。

* 头像优化

用户在平台上注册账号时，有的平台需要先上传头像，然后才是确定账号名称和输入其他信息。和背景图不同，除了账号主页，头像还会在其他很多地方出现，如直播间、搜索结果页面、话题页等，因此头像的优化很关键。那该如何优化头像呢？

1. 可以用符合人设的形象做头像。我们可以找专业摄影师拍摄并修图，展现人物形象，凸显人设，让用户对账号有一个基本的认知。比如，"多余和毛毛姐"这个账号的头像使用的是毛毛姐经典的橘红色假发造型的照片，凸显了毛毛姐搞笑、夸张的人设。

2. 可以用职业形象做头像。职业形象是穿着工作服的形象，或者是可以让用户通过一些细节知道账号所属的行业的形象。比如，你是一位装修工人，那么头像可以是你戴着安全帽，手里拿着刷漆滚轮的形象；如果你是一名医生，头像可以是你穿着白大褂的形象；如果你经营的是一家摄影工作室，那么你可以用一张拿着相机正在拍摄的照片当作头像。

3. 可以用漫画形象做头像。目前，市面上有很多软件可以把照片一键转换为漫画风格，这可以让账号显得更加生动有趣，并展现出更具辨识度的形象。

4. 可以用品牌标志做头像。很多公司或者门店本身就有自己的品牌标志，用品牌标志做头像就是一个很好的选择。

5. 用行业元素做头像。比如，一家装修店，可以用自家打造的样板间效果图做头像；一家夜宵店，可以用一张滋滋冒油的烤羊肉串的照片做头像；一家美容店，可以用门店场景照片做头像。这些都可以让用户第一时间知晓账号的行业属性，并了解账号的主打产品或服务。

6. 直接用关键词做头像。比如，一家汽修店，可以直接设计一张图片，上面只有"修车"两个字；一家萌宠店，作为头像的图片就可以只有"宠物洗护"四个字；一家餐饮店，头像上可以直接显示"美食"两个字。

在设置头像时，还要注意两个细节：第一，不要使用模糊不清的图片作为头像，有些平台甚至会直接把使用模糊图片作为头像的账号判定为劣质账号，从而为其分配较少的流量，而且这样的头像也无法给用户带来良好的体验；第二，不要使用无关联的图片做头像。比如，你是烧烤店老板，头像是乒乓球的图片。如果不能让用户在第一时间获得有效信息，那么头像毫无意义。

* 账号名称优化

企业号的名称一般需要根据营业执照上的名称或者注册商标的名称来确定，不可以随意确定。但个人号是可以自定义名称的，一个好的账号名称可以让账号自带流量。接下来，我们将学习账号名称的优化技巧。

1. 在名称中加入关键词，包括地理关键词或行业关键词。在名称中加入关键词，可以让很多用户在使用关键词进行搜索时实现精准搜索。比如，一家在重庆经营海鲜餐饮的店铺原本的账号名称叫"小杨哥"，我们就可以将其优化为"重庆海鲜小杨哥"。

2. 尽量让名称好读、好记。账号名称好读、好记是首先要做到的，这样的账号便于用户产生记忆点。比如，一家装修店可以叫"装修日记"，哪怕只是口头说一下，用户也能马上知道是哪几个字，但如果一家装修店使用生僻字叫"装修龘齉"，这样不利于账号名称的传播，也就无法起到很好的引流效果。

3. 强化人设形象。比如，账号名称原本叫"铁岭建材老哥"，可以改为"铁岭建材老刘头"；账号名称原本叫"装修日记"，可以改为"阿呆的装修日记"。

4. 尽量起一个还没有很多人使用的名称，最好是只有你使用这样的名称，确定了之后不管你在什么平台进行账号矩阵搭建，都统一使用这个名称，这样如果用户想在自己喜欢的平台搜索你的账号，就会更加容易。

* 简介优化

在账号主页中，简介在头像的正下方，是整个账号主页中最重要的组成部分之一。在前面我们提到，用户"刷"到了我们的某一个作品，觉得很好，于是对我们账号的其他作品产生了期待，希望能看到更多、更好的内容。这时，他就会点击头像，进入我们的账号主页。在账号主页中，简介能让用户直观地了解到我们账号的功能、价值，以及内容定位等。账号头像、名称、背景图能提供的信息有限，一份好的简介可以帮助用户更好地了解账号，从而减少用户的时间成本。

平台简介的字数限制不一，一般为 4~5 行。大家千万不要小看了这几行字，它的作用非常大，建议大家好好利用，避免出现以下几种情况。

第一，简介留空。这样做就浪费了呈现关键内容的机会。

第二，内容敷衍。不要在简介中呈现一些与账号内容或者人设毫无关系的信息。比如，一家餐饮店的账号简介为"向往自由的人生"，用户会对此感到一头雾水，也就无从了解账号经营的内容与相关信息。

第三，没有特色。尽量避免在简介里写一些很多账号都在用的话。比如，一家装修公司的账号简介是"做装修我们是认真的"，这种套话在任何一个行业都适用，无法体现账号优势，从而失去了一个让用户关注账号的机会。

我们要如何对现有的简介进行优化呢？我为大家提供几个小妙招。

1. 有价值，有优势。简介的目的是更好地呈现账号价值，我们希望用户在进入账号主页时，可以第一时间知晓账号的定位与内容属性，以及账号能为用户提供哪些价值。

    比如，你经营的是一家火锅店，你可以写"五一店庆，到店有优惠"；你经营的是一家宠物店，你可以写"新客户可免费获得一次宠物洗护服务"。这样就可以把账号的价值展示出来。

    当然，仅仅为用户提供价值还不够，因为用户在其他店也能购买同样的产品或享受同样的服务，这时我们就要凸显自我优势，比如，价格更低廉、服务更周到、产品种类更丰富等。

    优势不是说你一定要成为行业顶尖，而是你能梳理出来一些在用户看来有卖点的信息就可以了，有些在行业里看起来很稀松平常的东西，在用户看来就足够有吸引力。最经典的例子就是某纯净水在广告中使用了"27道工序层层过滤"的宣传语，用户一听就觉得"这水够干净"，让用户对"纯净水"有一个具象的感知。因此，该纯净水的销量迅速上涨。

2. 够简洁，好理解。简介就是简单的介绍，所以以精炼、简洁为宜。比如，"我们店在广州已经开了 20 多年了，是个资深老店"，就可优化为"广州本土 20 年资深老店"。

简介追求简洁的同时，也要让用户看得懂、好理解。一些专业领域内常见的术语，也许是用户根本没听说过的，自然也就难以理解。

知名商业"大 V"刘润老师介绍过这样一个案例，可以形象地说明这个问题。我在这里把这个案例分享给大家，希望大家能更加清楚地了解如何把内容说得简单直白，易于理解。

有一个笼子里装着一堆兔子和鸡，已知兔子和鸡一共有 35 个头，94 只脚，请问笼子里分别有多少只兔子和多少只鸡？学过二元一次方程的同学可能会说这很简单，设兔子的数量为 x，鸡的数量为 y，$x+y=35$，$4x+2y=94$，很容易就能解出来兔子有 12 只，鸡有 23 只。

但如果是一个没有学过二元一次方程的人来做这道题，又该如何解呢？

其实这道题还有一种简单的解法——我们可以把兔子的四肢理解为两只手和两只脚，这就意味着兔子和鸡都有两只脚，已知一共有 35 个头，所以一共有 70 只脚，那剩下的 24 只脚就是兔子的"手"了，用 24 除以 2 就得出一共有 12 只兔子，通过减法便可得出鸡有 23 只。所以对于没有学过二元一次方程的人，我们必须使用更简单的方法帮助他们更好地理解这个问题。

我们知道的，别人不一定知道，我们要做的是想办法让用户能理解我们的意思。所以，简介的内容需要考虑用户能否理解，甚至可以参考大部分人的认知水平来进行修改和完善。同理，在输出内容时也要时刻谨记，我们提供内容是为粉丝、用户服务的，让他们能够看懂、了解、有收获，才是我们的目的。

3. 有预告，有引流。用户进入账号主页时，内心已经对账号内容产生了些许期待，期待越大，用户成为账号粉丝的可能性也就越大。那么，如何提升用户的期待呢？有一个简单的方法就是对内容进行预告。

通过预告使用户对账号产生期待，如"每周三、六更新""每周五晚上 8 点直播""每天分享咖啡冷知识"等都是可以的，这样就算账号现有的内容不多，也能让用户产生一定的期待。

用户有了期待，就会想从账号中挖掘更多的内容，进而希望能联系上我们，和我们产生连接，所以这时我们可以借助简介实现引流。

我想强调的是，把用户引流到其他平台属于敏感操作，一经发现将会被平台处罚，账号权重也会受到影响，所以我们在引流时不能明显地指向其他平台，只需说明"全网同名"即可，引导用户自行搜索。

* 封面优化

关于封面的优化，我在这里要补充的是对"置顶"功能的使用。目前抖音最多可以置顶 3 个作品，小红书最多可以置顶 2 个作品，这是根据主页的布局设定的。有些新账号一开始可能没有置顶功能，别担心，持续更新一段时间后，该功能就会出现，这个功能在早期没有什么使用价值。但到中后期，随着我们的作品数量越来越多，我们就需要通过置顶的方式为用户推荐优质内容。

哪些作品适合置顶呢？我认为有以下 3 种。第一种是爆款作品。我们很难保证一直出爆款作品，而且我们的目标是转化而非单纯制作爆款作品，但爆款作品可以吸引用户更多的目光。因此，我们可以把爆款作品置顶，以吸引用户的目光。第二种是引流效果比较好的作品，该类型作品一般都能提供丰富的信息，有利于引流或成交转化。比如，一个运营汽修类账号的学员就遇到过这种情况，有一个作品在他看来平平无奇，也不是点赞量、评论量最高的，但很多到店里去的人都说是看到了这个作品找上门来的，这时就可以把这个作品置顶，让更多的人看到。第三种是介绍主打产品的作品，通过置顶让用户更方便了解产品的特点。

账号主页中还需优化的小细节

当然，我们的账号主页除了以上这五大关键元素需要优化，还有一些小细节也需要优化。

* 关注列表

在运营账号的过程中，账号互关是常有的事，但这无疑会给用户一种错觉——账号的粉丝都是通过账号互关积累的。因此，我们可以抽点时间，好好整理一下自己的关注列表，取关一些无关紧要的账号，尽量通过关注列表展现出自己的品位与专业。此外，关注列表也是一个很好的广告位，尤其是中后期需要搭建账号矩阵的时候，我们可以利用关注列表的协同作用。

* 喜欢和收藏列表

喜欢和收藏列表也需要整理，很多人会把这两个列表设置为"仅自己可见"，但如果我们运营的是获客账号，我建议大家开放这两个列表，一是方便引流操作，二是也能通过喜欢和收藏列表去推荐账号矩阵中的内容或者宣传推广内容。

我们已经学习了这么多的内容，现在大家可以去优化一下自己的账号主页，从而获得更好的宣传、引流效果。

如何打造
受欢迎的人设

在前面的内容中我们提到过，打造人设，使人物具有魅力也能让用户产生期待，从而实现"圈粉"。人设，就是"人物设定"，是指在内容平台提前设定并演绎出一个相对有特点的人物形象，如搞笑主播、邻家小妹等，通过塑造丰满的人物形象，给用户留下深刻的印象。

人设的呈现主要有以下四种方式：第一，最直接的就是真人出镜；第二，用道具遮住脸部出镜，可以用平台自带的特效道具，也可以在现实中戴头套或者口罩等对脸部进行遮挡，常见于不太想直接出镜的情况，或者想要通过道具突出亮点的人设，如穿着青蛙服装、熊玩偶服装等；第三，以第一视角拍摄，一般只能看到手，会让用户更有代入感，常见于一些探店类型的账号；第四，使用旁白、AI 配音，常见于宠物号或者创意号，将宠物或者物品拟人化，给它们配音以增强趣味性。

当然，最优选的往往是第一种，真人出镜，简单直接。而且作为实体店，我们引流成交后大概率也是需要和用户进行线下沟通的。真人出镜能让用户对我们的了解多一些。人设还能通过语气、说话的方式等强化我们作品的情感性，这些都是 AI 配音无法实现的。

打造一个具有独一无二的魅力的人设可以帮助我们获得差异化优势，从而获取大量关注和巨大流量，实现快速涨粉与变现。既然人设那么重要，那我们就来学习一下如何打造出一个受欢迎的人设。

人设打造的六大要素

打造人设其实就是在告诉用户"我是谁"。要回答好这个问题，我们可以从以下六个要素入手。

* 称呼

我们需要的不仅仅是一个名称，更需要一个可以展现人物个性与定位且让用户感觉亲切的口语化称呼。比如，我叫"黑马唐"，有些人知道我姓唐，会称呼我为"唐老师"，也有人会叫我"黑老师"或"黑马老师"，熟悉的朋友会直接叫我"老黑"或"老唐"。称呼可以拉近与用户的距离，可以让用户更愿意互动。这里有两个经典案例可以帮助大家加深理解。

案例一："尚品宅配"是一个家居设计账号，该账号在各个平台上的粉丝量和数据流量不一，要知道，一个企业号容易让用户产生距离感，而为了消除这种距离感，"尚品宅配"就给账号中出镜的女性博主起名"尚姐"。这样既让用户知道了这个女性博主的称呼，也强调了尚品宅配的"尚"字，还把品牌形象拟人化，一举多得。

案例二：有一个账号名叫"装修不求人"，这是个好名字，有标签、有价值，用户一看就知道账号内容是与装修相关的，而且名称也暗指装修时关注这个账号就够了，再也不需要去求其他人了。一开始，该账号作品中出镜的是一个男生，内容也一直做得很好，但该账号在评论互动方面一直有待加强，而且账号人设也始终没能体现出来。

于是该账号进行了一个小小的改动，把账号名称改成了"装修求叔"，于是出镜的男生的称呼自然而然就变成了"求叔"，一个"求"字一语双关，不仅是昵称，也意味着"你有装修的问题可以来问我"，调皮有个性，自然就更容易受到用户的欢迎，账号的评论互动数据也日益上涨。

* 形象

形象是指人设的外在表现，如妆容、发型、服装、配饰，以及肢体动作、语言运用等。在这里，我想问大家一个问题："你觉得人设形象应该固定不变还是需要经常变换呢？"

在公布答案之前，我想再问大家一个问题："请问在你心中，关羽的形象是什么样的？"很多人都会说："身长九尺，髯长二尺，面若重枣，唇若涂脂，手挽青龙偃月刀，身骑神驹赤兔马。"我相信在绝大多数人心中，关羽的形象都与此类似，为什么？那是因为几乎所有的小说、影视剧等，都为关羽塑造了这样的一个形象，并给我们留下了深刻的印象。因此，我认为在搭建账号的中前期，固定不变的人物形象更容易被用户记住。

比如，宠物店老板，其形象可以是一个短发戴眼镜的男生，穿着白色的衬衫和印着小猫或小狗图案的可爱围裙，出镜时怀里总是抱着一只布偶猫；咖啡店老板，其形象可以是一个长发飘飘的女生，可以化个可爱风格的妆容，穿着碎花连衣裙，配上咖啡色的小围裙，胸前可以搭配一个咖啡杯形状的小胸针。

当然，不是每个出镜人物都能有高辨识度的形象，也可以平常的打扮出镜，前提是自己舒服，用户看着也舒服，同时形象尽量固定。

我想强调一点：人设形象固定不变多适用于账号中前期的运营。再受欢迎的形象也会有让用户审美疲劳的一天，因此在账号运营的中后期，当用户对我们已经形成一个普遍的认知之后，我们就可以优化形象，通过变换风格打破用户的审美疲劳。

* 个性

打造人设，仅靠外在形象还不够，还需要对人物进行个性填充来丰满人设，人设的个性填充要细致到比如说话的方式是温柔的，还是激烈的；表情是平静的，还是夸张的……这些还可以通过作品中的旁白、对话、标题、音效甚至是背景音乐来传达。比如，同样是餐饮店，火锅店和西餐店营造出来的人设个性肯定是不一样的。

* 背景

背景是指你的人设能够让用户从视频中提炼出一些关于你的信息，可以是家庭信息、职业信息，让用户对你迅速了解，建立信任。比如，你是一个夜宵店老板，人设可以是辞职摆摊创业的"95后"；你是一个咖啡店老板，人设可以是进入咖啡行业已经10来年，研究手冲咖啡5年的咖啡师；你是一个装修店工人，人设可以是完成过30套精装房的交付，零差评的装修行家；你是一个宠物店老板，人设可以是深耕宠物健康领域8年的宠物健康师。

* 价值观

俗话说，物以类聚，人以群分，而让人们聚起来的这个"群"，其实就是相同的价值观。因此，我们所打造的人设，也需要有正确的价值观，这样才能吸引到与我们价值观相符的人。

比如，你经营的是一家烧烤店，可以强调使用的肉都是当天的，非常新鲜，还可以直接把半只羊挂在一边，用户吃多少割多少，这样用户就会认可你，也就会更愿意来消费；你开的是一家宠物寄养店，可以强调寄养的每个宠物都会被当作自家的宠物一样爱护，笼子每天消毒，有专人定时陪玩等，让用户更加信赖你。

* 缺点

人设的第六个元素是"缺点"。缺点也可以是一个加分项。没有缺点的人设会显得不真实，不够接地气，会让用户产生距离感。每个人都是有缺点的，也正因为有缺点，人设才更真实可信，能更好地获得用户的信任。

当然，你要注意，这个缺点不能是让人设减分的，而是能给人设加分的。如果你是一个宠物店老板，缺点是不喜欢狗狗；你是一个餐饮店老板，缺点是不爱卫生，这些就是妥妥的减分项！我们要学会灵活运用，把缺点变成优点。

为了让大家更好地理解和掌握，我在此用一个案例进行分析。

账　号：二妹的小龙虾店。

称　呼：二妹。

形　象：一个微胖的女生，有浅浅的酒窝和好看的卧蚕，让人感觉很亲切；喜欢穿宽松的白色 T 恤，上面总是有很多红色的油渍。

个　性：活泼可爱，喜欢聊天，比较"二"，经常会不小心把汤汁打翻，也正因为这样，T 恤上面都是油渍，所以同事都叫她"二妹"。

背　景：1998 年出生的武汉姑娘，独自一人来到广州开店创业。

价值观：有好吃的就行，胖点算啥；不多吃点，哪有力气减肥；作为一个美食店老板，鼓励顾客放开吃，大胆吃。

缺　点：胆小，怕黑。二妹虽然胆小、怕黑，但为了生计却每天晚上都坚持开店，凌晨两三点才关门回家，这显示出了二妹的独立与坚强，使二妹的人设更加可爱、讨喜。

真实、立体的人设才是受欢迎的人设。接下来，轮到你做练习了，请把你所要打造的人设六要素写下来，如果可以，把这样设置的原因也写下来。

我开了一家 _____ 店。

称　呼：_____

_____

形　象：_____

_____

个　性：_____

_____

背　景：_____

_____

价值观：_____

_____

缺　点：_____

_____

除了以上六要素，在打造人设的过程中，我们还需要注意以下 4 个方面，可以帮助我们强化人设在账号中的呈现效果。

* 关联标签

在前面的学习中，我们知道了标签主要包括地理标签和行业标签。那么在打造人设时，也需要使用这些标签，比如，"在广州想吃小龙虾，可以来找二妹""别墅装修找老刘，上海杭州都不愁"。这样一句口号让用户不仅记住了人物称呼，还记住了账号的标签信息。

* 保持真实

打造人设，一定要从我们自身的真实情况出发，尽可能多地呈现自己身上的闪光点，千万不能为了效果而过分夸大个人能力，伪造个人背景信息，这样就很容易出现人设崩塌的情况。还有一点，运营实体店，最终大概率都需要在线下和用户见面，所以人物出镜时不要过度美颜，以免用户见到真人认不出来。

* 保持统一

打造人设，不仅需要保持线上线下的人设统一，还需要保持不同矩阵账号之间的人设统一。在各个平台搭建账号矩阵，虽然不同平台中的目标用户存在差异，但账号的人设还是需要保持基本一致。只有保证人设统一，才能不断加深用户对人设的印象，给用户留下深刻的记忆。

* 元素加持

互联网用户有很多喜欢的元素，颜值、搞笑、情感、剧情、美食等都可能是用户喜欢的元素，如图 4-2 所示。

图 4-2 互联网用户喜欢的元素示例

在不影响账号内容设定方向的情况下，适当地增加一些元素，可以给账号的人设加分。著名电影《教父》中，马龙·白兰度饰演的男主角柯里昂作为黑手党的老大，每次出场时都给人较强的压迫感，但是他总是抱着一只小猫，这个元素就会让这个威严的黑帮老大带有一些温情。

如果你开的是一家汽修店，可以将内容和剧情结合在一起，如通过父女两人日常的搞笑演绎传递专业修车知识；如果你开的是一家服装店，可以将内容和音乐结合在一起，穿不同的衣服唱不同的歌，如果能再配合有形象出众的主播，就很加分了。

接下来，我将带领大家一同拆解一些优质的关于人设的案例，帮助大家更好地理解和掌握人设的打造。

案例一：金刚熊说康复

经营该账号的博主是诺亚第运动康复学院院长苗振老师，他曾帮助很多名人做过专业康复训练。因为他留着络腮胡，身材壮硕，酷似"金刚狼"，于是就给自己起了个昵称"金刚熊"，与行业标签结合，其账号名称即为"金刚熊说康复"。

该博主个性幽默，善于抓热点，有段时间说唱很火，他就把很多运动康复的小知识变成了说唱歌词，不仅生动有趣，还干货满满，因此该账号的粉丝量也在短时间内涨到了 100 万。

该博主认为，在健身和健美的过程中，不可盲目追捧健身"大神"，适合自己才是最重要的。他的观点得到了很多用户的认同。

案例二：渔村兄弟

经营该账号的博主原是在广州打工的新媒体从业者，后转行在海边开客栈，为人憨厚有耐心，会不厌其烦地教用户钓鱼技巧，因此被用户亲切地称为"村长"。渔夫帽、牛仔裤、黝黑的皮肤与看起来憨厚且轮廓鲜明的脸庞便是他独特的形象。

该博主喜欢拍摄真实的海钓视频，用镜头呈现原汁原味的海边生活。他为人腼腆，喜欢一个人看着海面发呆，是典型的"社恐"。但是当用户有任何问题需要解决的时候，他总是第一时间出现，满怀热情，这样的反差就很加分。

如何
搭建商家页面

商家页面的重要组成部分

现在各平台纷纷给予实体店很多的流量扶持，其中平台上的商家页面就是实体店商家可以使用的重要工具之一。

以抖音为例，商家需要将账号认证为企业号，才可以开通商家页面这一功能，设置方法为：抖音个人主页 – 右上角隐藏功能区 – 企业服务中心 – 促营收 – 主页装修。接下来就可以进入商家页面管理中心。

商家页面包含企业资料和商家模板两大部分，企业资料支持展示网站链接、联系电话、地址、门店、经营时间、应用下载、小程序等多个组件；商家模板是展示商品服务、店铺活动、营销信息等的重要落地页，可以承接从短视频、直播、关注、搜索、广告等渠道进入的流量，完成从介绍到转化的整个过程，创造更多的销量。

如何让商家页面成为涨粉引流的主要阵地

了解了商家页面的重要组成部分之后，我们又该如何搭建属于自己的商家页面，填充、发布对应的信息呢？可以在 PC 端和移动端操作，通过这两种渠道进行操作的手法类似，在这里我以 PC 端操作流程为例为大家进行讲解。

* 企业信息设置

打开计算机上的浏览器，输入 e.douyin.com，登录账号后，在页面左侧功能导航栏的"场景管理"板块中点击"主页管理"，在"主页设置"页面中勾选想要展示的企业信息，如图 4-3 所示。

图 4-3　企业号主页设置页面

在图 4-4 中可以看到，能勾选的有"联系电话""官网主页""线下门店""营业时间""查看地址"5 个功能选项，每个选项下还有更加具体的设置。比如，勾选"联系电话"后可以选择显示名称为"联系电话""联系我们""官方电话"，商家根据自身需求进行设置即可。

需要注意的是，企业号最多只能勾选 3 个功能选项，勾选完成之后，点击"提交"按钮即可。比如，餐饮店需要引导用户到店消费，可以勾选"线下门店""营业时间""查看地址"；装修公司需要宣传推广，可以勾选"联系电话""官网主页""线下门店"。

* 商家模块设置

在"主页设置"页面中，点击"页面设置"按钮即可对商家模块进行设置，如图4-4所示。

图4-4 企业号页面设置页面

在图4-4中可以看到，"页面设置"下方有"官网主页""店铺活动""服务产品""在线预约"等功能模块，商家可以根据需要进行选择。商家需要配置至少两个功能模块，提交相关信息后需要等审核通过，之后账号主页才会显示功能模块的相关信息。

勾选功能模块之后，左侧的"主页预览"区域中会添加对应的功能模块，点击即可进行自定义编辑，商家根据提示操作即可。"页面设置"中提供了很多可以帮助实现成交转化的功能模板，如"在线预约""优惠券""优惠团购"等，商家可按需设置，每一步操作都有提示。此外，平台还很贴心地提供了各种参考案例，这里就不展开讲解了。

最后我要提醒大家注意的是，以上介绍的商家页面的搭建手法是通用的，各个行业的商家均可以使用。除此之外，平台还提供了汽车、房产、家居、本地通、美食宝等不同行业的专属页面模块，以满足不同行业商家的个性化页面搭建需求，大家按需选择即可。

如何搭建
完善的直播体系

在闭环篇的学习中，大家应该已经掌握了直播间人、货、场的安排技巧。接下来，我将带领大家从选品排品、直播流程、话术拆解等多个层面展开深入学习。

直播间的选品和排品技巧

直播间选品和排品是打造一场直播的基础。只有精心筛选产品，保证产品的品质，才能保障直播带货的后续发展；排品则是为了承接流量和对流量进行最大化的利用。因此，即使我们的直播间只有几种产品，也需要使用选品和排品技巧，这样才能吸引更多的用户来到我们的直播间，并实现停留甚至成交转化。在闭环篇中，我们介绍了简单的选品与排品技巧，下面我们将讲解更复杂的技巧。

在直播间中，一般把产品和服务根据它们所能发挥的作用分成 4 类，即福利款产品、宠粉款产品、主打款产品和背书款产品。

* 福利款产品

福利款产品一般以低价售卖或免费赠送为主，让用户感觉占到了便宜。福利款产品的推出可以在短时间内为直播间积累人气，等人气足够高后就可以安排后续产品的上架，因此福利款产品的推出也可以看作一种投放行为，用分发福利来积攒人气。

不过我在这里要提醒大家的是，虽然福利款产品的价格大多是 1 元、9.9 元，甚至是免费，足够便宜，但也要有足够的价值，能让用户看得上眼。比如，1元抢 6 瓶可乐，用户会很开心；但如果是 9.9 元抢 1 双袜子，用户可能就会觉得不值，因此就不会去抢。总而言之，福利款产品一定要性价比高。此外，福利款产品也要根据目标人数进行设定，只有比例合适、数量合适，营造出一种稀缺、抢手的氛围，用户才会参与抢购。

一般直播间针对福利款产品的常见话术有"家人们点点赞，点赞量超过10000，我们发一轮福利哈"，或者"姐妹们可以分享直播间，在线人数超过1000，咱们就发一轮福利好不好"等。

* 宠粉款产品

宠粉款产品也可以理解为我们之前说的"引流款产品"。在这里，我要强调一下，"引流"指的是获取精准流量，宠粉款产品是面向直播间粉丝的，目标是把潜在用户变成我们的粉丝，这是一个转化的过程，因此可以作为精准流量，符合"引流"的特征。而前面提到的福利款产品面向的是较为广泛的人群，因此不属于"引流款产品"。

那么如何通过产品实现引流呢？很简单，既然是宠粉款产品，那么这类产品就是只有粉丝才能享受的优惠产品。如果我们的东西让用户觉得买到就是赚到，大家自然就会愿意转化为我们的粉丝。要知道，粉丝对直播间的影响可是非常大的，把用户变成粉丝，就是直播间提升人气很重要的一步。

以售卖家居日用品的直播间为例，其宠粉款产品一般定价为 19.9 元或 29.9 元，也可以是买一送一，一般单品定价不超过 50 元（不同行业的产品定价不同，仅供参考）。例如，产品的日常售价为 25 元，但关注账号成为账号粉丝后只需要花 19.9 元就能将产品带回家，用户还是很愿意关注并购买的。

一般直播间针对宠粉款产品的常见话术有"只有关注了咱们直播间的宝宝才可以享受这个宠粉福利哦"，或者"只需要点亮灯牌加入粉丝团，就可以直接购买这个产品"。主播使用话术给用户下行动指令，配合福袋、社群、弹幕等引导用户配合操作。

* 主打款产品

主打款产品即我们之前所说的"利润款产品"，也称主推款产品、首推款产品等，但主播千万要注意不要在直播时直接把它说成"利润款产品"，这样会让用户感觉不是很舒服。

主打款产品一般看着很实惠，但利润空间相对更大。主打款产品要质量过关，物流靠谱，使用户整体体验足够好，这样才能引导用户不断复购，从而提升直播间的利润。

在推销该类产品时，主播的常见话术有"这是咱们家卖得最好的一款产品，考验你手速和网速的时候到啦，手慢就没了"，或者"接下来这款产品是粉丝们最心心念念的，要的在评论区打个'1'，我们马上上链接"等。

* 背书款产品

背书款产品主要是通过性价比差异制造心理落差，目的是烘托其他产品，让用户觉得其他产品的性价比更高。一般情况下，背书款产品只需要一直放在可购买列表里就可以了，当用户反馈主打款产品价格比较高的时候，主播就可以引导用户看背书款产品，通过对比就能把主打款产品的价格、质量等优势体现出来。

主播在推销该类产品时，一般常见的话术有"家人们可以看一下，如果大家觉得这一款性价比不高，可以看一下链接 ×× 号，同样的价格和功效，买这一款可以多获得一个小样"，或者"姐妹们看一下我们的精品礼盒装就知道，这款没有礼盒装，但包含的产品种类是一样的，便宜那么多，赶紧下手吧"。

在直播时，如何安排这几款产品的出场顺序，也就是如何排品呢？三者出场顺序如图 4-5 所示。

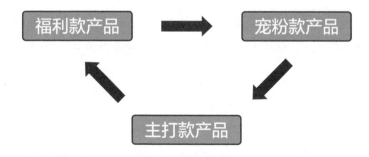

图 4-5　各类产品的出场顺序

其实排品时，只需要安排福利款、宠粉款、主打款 3 款产品的循环出场顺序即可。这里需要注意的是，排品时是无须考虑背书款的，背书款产品一直都在可购买列表中，用户随时都能看到。

那么，这 3 款产品应该如何进行排序上架呢？常见的循环有 3 种方式。

第一种，福利款产品 + 主打款产品。直播开始时，先上福利款产品，很多主播在直播开始时都会说："直播开始前，我们先发一波福利。"这就是在借福利款产品提升人气，因为福利款产品性价比高，但数量有限，所以会吸引很多用户前去抢购。在抢购的过程中，用户在直播间停留的时间就延长了，这会使直播间的权重越来越高，平台就会给直播间分配更多的流量，这也就是很多直播间"憋单"的原因。"憋单"是指主播一直引导用户购买产品但并不立即上架产品，其目的是积累人气。

人气上涨之后，就可以上主打款产品了，而主打款产品因为性价比稍低，容易造成人气下降，这时直播间就可以继续上福利款产品拉高人气，再上主打款，两款产品循环上架即可。这种模式适合产品比较少的直播间，且主打款产品的利润可以支持福利款产品的销售。

第二种，福利款产品 + 宠粉款产品 + 主打款产品。和第一种循环模式类似，这种模式是先上福利款产品积累人气，随后上架宠粉款产品，比如，上架福袋引导用户关注直播间或者加入粉丝团。宠粉款产品的性价比通常比较高，可以弥补一些用户因没有抢到福利款产品而失望的心情。

当用户成为账号粉丝之后，其沉没成本增加，就更愿意在直播间多停留。这时上架主打款产品，成交的概率也会增加。当然，前提是我们的主打款产品能够满足用户的期待。如果期待无法得到满足，用户大概率会感到失望，从而长按直播间并选择"不感兴趣"，这样会对直播间的权重产生不良影响。

如果发现人气下降，应立马上架宠粉款产品拉高人气。宠粉款产品的上架，可以提升直播间的关注量和粉丝数量，对直播间的后续运营有较大帮助。

第三种，福利款产品＋宠粉款产品＋主打款产品＋宠粉款产品＋主打款产品＋……这种模式适合宠粉款产品价格比较低的情况，也就是把宠粉款产品当作福利款产品去引流，这样一开始便上架福利款产品去拉升人气，人气起来之后不断地循环上架宠粉款产品和主打款产品即可。

直播间产品销售转化流程

直播间作为一个销售场景，主要目标就是形成销售转化，而所有的销售转化多半要有固定的节奏，这样才能引导用户一步步从"路人"变成粉丝，再变成消费者。而一套完整的产品销售转化流程应该包含以下 4 步。

第一步，聚焦需求，即把用户的痛点或需求点展现出来。比如，夜宵店的直播话术可以是"又到了吃小龙虾的季节，我们给大家送出重磅福利！ 99 元吃到爽"；装修公司的直播话术可以是"家里准备装修但预算不多的，千万不要错过我们今天的直播，优惠多多"；服装公司的直播话术可以是"有没有喜欢汉服的宝宝，今天的直播是汉服专场哦"。用几句话快速点明用户需求，让用户愿意在此停留。

第二步，卖点介绍。用户进入直播间后，主播就可以开始介绍产品或卖点了。比如，宠物店的主播可以这样说，"新店开业，每只'萌宠'都可以以 9.9 元享受一次精致洗护"；汽修店的主播可以这样说，"我们在武汉光谷做汽修已经快 10 年了，用户满意度高达 100%"；咖啡店的主播可以这样说，"最近很火的联名款椰浆拿铁在我们店也能尝到"。产品的卖点可以是门店特色，可以是品牌信息，总之介绍卖点是为了让用户更好地了解我们的产品。

第三步，产品评价。如果是新店直播，可以请主播说说自己或者员工对于产品的评价，试着用切身体验去打动用户。比如，有些直播间卖美食，东西刚拿出来，后面的助理就会迫不及待地拿一个过去吃，这就表示直播间的员工也很喜欢该产品。如果是已经有一定口碑和影响力的老店，就可以在直播间分享用户反馈，让其他用户产生信任。

第四步，促单转化。直播的目的是促成成交转化，通过营造紧迫感和稀缺感，让用户更愿意买单。

完整直播流程拆解

结合排品和产品销售转化流程，以一场时长为 2 小时的直播为例，我们来分析一下整个直播流程。当然，我们也可以根据自身需要进行调整，但大体的时间节点和流程是不变的。

首先，可将 2 小时拆分为 4 个单元，每个单元 30 分钟。在这 30 分钟里，主播需要介绍和上架福利款产品、宠粉款产品和主打款产品各 1 款，即每款产品可占用的时长为 10 分钟。

接着，介绍每款产品所花费的 10 分钟需包含产品直播销售转化流程的 4 个步骤，即聚焦需求 2 分钟，卖点介绍 3 分钟，产品评价 3 分钟，催单转化 2 分钟。

在排品时，我们每类产品可以准备好几种。比如，福利款产品 1、福利款产品 2、福利款产品 3，宠粉款产品 1、宠粉款产品 2、宠粉款产品 3，主打款产品 1、主打款产品 2、主打款产品 3；然后在直播过程中不断地循环上架即可，如福利款产品 1+ 宠粉款产品 1+ 主打款产品 1，即组成了第一个单元 30 分钟的介绍内容；福利款产品 2+ 宠粉款产品 2+ 主打款产品 2，便可以组成第二个单元 30 分钟的介绍内容，以此类推，直到直播结束。

如果我们采用的是与前面案例不同的循环方式，如福利款产品 + 主打款产品，或者福利款产品 + 宠粉款产品 + 主打款产品 + 宠粉款产品 + 主打款产品，也都可以采用同样的方式，其底层逻辑是一样的，只是替换相应的款即可。

听完上面的讲解，有读者可能会产生疑问：如果直播产品种类单一，是否意味着主播要不断重复相同的内容？这样会不会让用户感到腻烦呢？答案是主播可以重复相同的内容，而且用户也不会感到腻烦。

因为直播间的用户每分每秒都在流动，不停地有人进来，也不停地有人出去。你看到同时在线 200 人，很可能是每秒进来 20 人，同时又有 20 人离开，所以即使你看到的总人数几乎不变，但不同时间段里直播间的人其实不是同一拨人。

一般来说，用户在一个直播间中的平均停留时长只有 1 分多钟。如果用户听完一个循环依旧没有下单，那么大概率就会离开；如果用户在第一个循环中已经下单了，那么买完东西之后他也会离开。

所以，不要纠结于直播间产品单一、种类少的问题，也不要担心主播反复讲同样的内容会使用户感到腻烦。我们更需要注意的是主播的精神状态，因为反复讲解同样的内容，需要很大的耐心和毅力。

在这里，我想要告诉大家，任何一份工作，长期做下来都会趋于重复，关键是我们是否足够热爱它。足够热爱，我们就一定可以一直坚持下去，我们将在每一次重复中不断地学习、成长，不断地迭代、优化，做到下一次比这一次更好。

直播案例拆解

为了让大家更好地了解和掌握直播间的选品排品技巧、直播流程和相关话术，接下来，我将以一家水果店的直播作为案例详细地分析每一步操作。大家可以多加思考，然后着手设计自己的直播流程。

首先，我们要进行选品和排品。水果店最近要上架应季水果，之前的经验显示，到这个季节，用户购买榴梿的需求大大提升，而且榴梿的利润率相对较高，因此可以作为我们选择的产品。我们可以这样设置。

福利款产品。我们可以结合当下年轻人喜欢的盲盒文化，推出 9.9 元盲盒销售活动。每 30 分钟放出一个盲盒，每个盲盒中的榴梿不少于 2 斤，目前超市里的普通榴梿每斤至少卖二三十元。

宠粉款产品。"只有加入粉丝团，给主播亮灯牌的用户才可以抢购"，用话术引导用户加入粉丝团，粉丝福利是以 15.9 元的单价抢购一斤榴梿。相比于市面上的 20 多元钱一斤的价格，直播间的价格是很优惠的。

主打款产品。可以将主打款产品定位为榴梿中的高端品——猫山王榴梿。我们一般买到的榴梿都是金枕榴梿，所以福利款产品和宠粉款产品可以设置为金枕榴梿，但主打款产品可以采用猫山王榴梿，既有分量，又有较大的利润空间，可以定价 49.9 元／斤。虽然其价格比前两款产品高出不少，但相对于市面上的价格而言，也算是低的。

背书款产品。背书款产品作为"陪跑"产品，其功能在于让用户觉得我们的主打款产品真的很实惠，性价比很高。针对背书款产品，我们可以在直播间上架一个 599 元的猫山王榴梿礼盒，礼盒中的榴梿 8 斤左右，和主打款产品的区别就是它的包装很好看，可以直接当作礼物送人，直播过程中可以用于展示，进行对比。

此外，如果我们有实体店，对于产品的配送也可以有两种操作：一种是选择快递包邮配送，根据下单地址送货上门，适合距离门店较远的用户；另一种是门店自提，用户下单之后到门店领取对应的产品，同时店家可赠送 20 元的代金券，用于线下复购，适合距离门店近的用户。

而排品模式我们可以采用"福利款产品 + 宠粉款产品 + 主打款产品"的循环推介方式，直播时长为 120 分钟，主播重复推介 4 次，每次 30 分钟。

前期工作完成后，直播就可以正式开始了，为了方便理解，我把话术和流程结合在一起进行讲解，也符合直播的实际情况。

直播话术

爱吃榴梿的家人们看过来！咱们家 9 块 9 就能购买一个榴梿盲盒！想吃榴梿过个"嘴瘾"，又怕一个太大自己吃不完的，这个榴梿盲盒最适合你啦！每个盲盒里有一个 2 斤左右的榴梿，一个人吃刚刚好。家人们，做好准备，我们 10 分钟之后开抢！

直播流程与逻辑讲解

福利款产品，需求引出。直击用户的消费痛点，配合盲盒的展示，可以让用户看到榴梿的品质与重量，让用户放心。

直播话术	直播流程与逻辑讲解
咱们家这个榴梿盲盒，可不是吹的，实打实的好榴梿，我随便打开一个给你看看，里面至少有满满的一房肉，这在超市随随便便也得花几十块钱，而现在在我们直播间只需要9块9！还包邮！	福利款产品，卖点介绍。打开榴梿，为用户展示果肉品质，让用户感受到产品的实在。
我们的榴梿盲盒虽然比较小，但都是我们精心挑选的好果，特意给家人们发福利，不为别的，就想给直播间涨涨人气，喜欢的可以多多支持。之前在我们直播间买过的家人们都给了五星好评，没有任何差评。我们店就在广州市天河区科韵路，想要自提的家人也可以下单之后直接到店自提，不仅可以现场亲自选盲盒，还有20元复购代金券等着大家！	福利款产品，产品评价。用另一部手机展示用户好评画面，并展示20元复购代金券，激发用户抢购欲望。
还有最后30秒！9块9的榴梿盲盒数量有限，家人们做好准备！上1号链接。考验你手速的时候到了！盲盒只有3个，这次抢不到就要再等30分钟哦！3、2、1，开抢！	福利款产品，促单转化。可以让现场的同事们一起倒数，或者在屏幕上倒计时，营造紧张感和仪式感。
抢到了吗？家人们，抢到了的可以在评论区评论"抢到"。	这里有个话术技巧——主播表面上是在让抢到的用户参与互动，实际上没抢到的用户也会参与互动。一些没抢到的用户会在评论区说"没抢到"或"再来几个"，使直播间热闹起来。这时我们就可以顺势推出下一款产品了。

直播话术

恭喜抢到盲盒的家人们！没抢到的家人们也不要气馁，我们直播间还给大家准备了粉丝专属福利。没有加入粉丝团的家人们，赶紧加入粉丝团点亮灯牌，咱们的宠粉款产品要来啦！市面上 29.9 元一斤的金枕榴梿，今天咱们家粉丝专属福利，只要 15.9 元一斤！几乎半价！实现榴梿自由就在今天！

来！我们给粉丝的福利可是实打实的！15.9 元一斤的金枕榴梿，不仅便宜，品相也相当不错。我给你们随便开一个看看，大家看，圆润！饱满！金黄！哇！整整 5 房肉！

不说别的，15.9 元一斤的榴梿，不管是在超市还是在水果市场，肯定是买不到的，这可是我们专门为粉丝们准备的！福利必须够！你们看，这么大一个，8 斤重，只要 120 多元！买到的都会回来感谢我！在直播间下单的，也可以到店挑选，我们店就在广州市天河区的科韵路，很好找！

直播流程与逻辑讲解

宠粉款产品，需求引出。福利款产品因为性价比足够高，所以能提升直播间人气，趁热打铁，在这个时候上架宠粉款产品，通过主播引导，对准目标用户，让这些用户加入粉丝团，同时主播可以用一台手机展示加入粉丝团的具体步骤。

宠粉款产品，卖点介绍。直播间现场开榴梿，给果肉拍特写，带来更有冲击力的视觉效果。

宠粉款产品，产品评价。主播展示榴梿品相、大小，可通过参照物让直播间用户更直观地感受榴梿的品质。同时，强调榴梿的重量和价格，用数字说话，更让人信服。

直播话术

家人们赶紧加入粉丝团，点亮灯牌，这是咱们给粉丝的专属福利。加入粉丝团的都可以拍，快递直达，冷链配送，我们一定让家人们吃上新鲜榴梿。

家人们！你们最期盼的猫山王来啦！榴梿中的王者，每一个都是我们精挑细选的！榴梿控必买！

咱们这个品相的猫山王，一点都不夸张，网上随便看看，上百元一斤！而我们现在卖多少？ 49.9 元一斤！够不够便宜！还有，要送礼的家人们，咱们家还有猫山王的礼盒，599 元一盒，也卖得非常好！里面的榴梿大概 8 斤重，包装豪华，就像这样，特别适合送给亲朋好友！广州的家人们现在下单，两小时内就可以送达，家人们也可以直接到店里来，我在天河区科韵路等你！

直播流程与逻辑讲解

宠粉款产品，促单转化。主播可以再次为用户展示加入粉丝团的操作方法和步骤。但直播间的售卖链接并非只有粉丝可以点击下单，下单系统并没有相关设置，因此我们可以设置一些其他门槛和福利引导用户关注账号或加入粉丝团。比如，可以设置 10 元抵扣券福袋，在粉丝团中发放，从而引导用户加入粉丝团。

主打款产品，需求引出。展示猫山王榴梿，还可以通过介绍猫山王榴梿的生长环境、运输方式、品相等说明该品种的珍贵，话术中就不再赘述。

主打款产品，卖点介绍。在介绍主打款产品时，顺带用背书款产品作为参考。用户通过对比计算，就能明白两款产品的性价比差异。但是，礼盒装的单价也比市面上的低，所以有需求的用户也会直接下单礼盒装。主播可以展示背书款产品，尤其是包装的细节，会很加分。

直播话术	直播流程与逻辑讲解
猫山王榴梿和其他品种的榴梿可不一样，你别看它外壳是绿色的，但里面的果肉是金黄色的！来，我们拿一瓣果肉和其他品种的榴梿对比一下，是不是猫山王的颜色好看很多！买回去放进冰箱冷藏一会儿，再拿出来品尝，简直就是冰激凌的口感！含 100% 榴梿果肉的冰激凌！无敌好吃！相信我，吃过一次咱们家的猫山王，你再也看不上其他榴梿！	主打款产品，产品评价。可以同时将猫山王榴梿的果肉和其他榴梿的果肉放在镜头前进行特写展示，并请直播间的工作人员试吃，评价口感，让用户更有代入感，更加真切地感受猫山王榴梿的与众不同。
咱们这个猫山王榴梿已经足够熟了，收到就可以吃！现在下单，快递一小时内上门取件，顺丰到家，第一时间送到你嘴边！这个品相的猫山王我们可是挑了很久才从几百个中挑出了 30 个，先到先得，先拍先发！	主打款产品，促单转化。通过话术展现产品的稀缺，让用户产生兴奋与冲动，从而促成成交转化。
新进来的家人们，稍等一下，我们还有一分钟就可以抢 9 块 9 一个的榴梿盲盒了！	上架福利款产品。后续流程与前面一致，循环介绍。

这就是直播间的一套完整的流程。接下来，大家可以来做做练习。请大家结合本节的知识要点，完成以下练习。

我开了一家 _____ 店，我的产品如下。

福利款产品：1. _____ 2. _____ 3. _____

宠粉款产品：1. _____ 2. _____ 3. _____

主打款产品：1. _____ 2. _____ 3. _____

背书款产品：_____

我将采用的排品模式是：_____

请选择其中一个产品，写出它的直播流程及相关话术。

我选择的产品是：_____

需求引出：_____

卖点介绍：_____

产品评价：_____

促单转化：_____

如何增加
直播间人气和促进互动

现在我们掌握了直播间选品和排品的方法，以及设置完整的直播流程，接下来要做的，就是提升我们直播间的人气和促进用户互动，以实现更好的引流成交效果。

影响直播间人气的六大要素

* 在线人数

直播间在线人数是直播间人气最直接的体现。它涉及两个方面：一是实时在线人数；二是整场直播的总计观看人数。

比如，直播开始时有 100 人涌进直播间，随后走了 5 人又进来 5 人，那么请问此时实时在线人数和阶段总计观看人数是多少？答案分别是 100 和 105。又如，直播开始时还是 100 人在直播间，但其中有 50 人离开后又返回直播间，期间并没有新用户进来，那么请问该阶段总计观看人数有变化吗？答案是有变化，该阶段总计观看人数变成了 150。由此可知，实时在线人数和总计观看人数有较大的区别——实时在线人数是指当下直播间的在线人数，而总计观看人数是指用户进入直播间的所有次数。如果同一个用户 3 次进入直播间，就计为 3 次。

那么，在线观看人数与总计观看人数哪个更重要呢？答案是在线观看人数更重要。因为在线观看人数影响着总计观看人数的体量，且会影响直播间的转化率。惨淡的在线观看人数会让直播间气氛低迷，容易给主播的状态造成影响，因此我们更需要重视在线观看人数。

* 用户平均停留时长

在前面我们提到，用户在直播间停留的平均时间只有一分多钟，因此我们的最低目标是使直播间的用户平均停留时长超过平均值，然后不断地提升。

用户平均停留时长和在线观看人数两个指标是相辅相成的，用户停留时间越长，在线观看人数多，就会吸引更多的用户涌入直播间。

* 互动量

互动量包含用户在直播间的点赞量、评论量、打赏次数等。互动量越高，直播间活跃度越高，平台也会因此给直播间更多的流量扶持。这也是主播积极引导用户互动的原因。主播让用户点赞，或者在评论区评论"1"或"想要"等，都可以提高直播间的互动量。

* 新增粉丝量

关注账号成为账号粉丝或者加入直播间的粉丝团成为粉丝团的成员，这两种方式都能增加直播间的粉丝数量。对直播而言，哪种方式的作用更大呢？答案是加入粉丝团。粉丝团是专属于直播间的一个粉丝管理功能，加入粉丝团需要用户点亮粉丝灯牌，点亮粉丝灯牌是需要付费的，虽然不多，但增加了操作步骤和操作成本，自然就会有一定的流失率。但经过这样的筛选，这种转化更有效率。

当我们的账号以直播为主时，让粉丝团的成员越来越多比让账号粉丝越来越多更重要。但如果账号以输出短视频内容为主，那么让账号粉丝越来越多更重要一些。

* 点击量

这里的点击量不是指点赞量，而是指用户点击"小黄车"的次数。在带货直播间，用户可通过点击小黄车查看相应的产品链接，做出这个动作意味着用户对产品感兴趣，有购买欲望，有助于成交转化。因此，我们可以看到有些主播会提前引导用户点击小黄车，如在抢购时主播会上架测试连接，这就是为了让用户熟悉下单操作流程，从而提升直播间的成交转化率。

这样的引导一来会让用户觉得主播是在为他考虑，二来增加了直播间的点击量，相当于一次购买至少产生了两次点击，从而提升直播间权重，增加人气。

* 成交量

成交量是带货直播间中最重要的数据之一，促使用户成交转化也是我们的目标。很多直播间会推出种类丰富的福利款产品或宠粉款产品，就是为了在短时间内提升成交量，当平台检测到直播间成交数量很高时，自然会判断直播间的质量很好，从而给直播间更多的流量扶持。

如何为直播间增加人气

* 进行直播预告

直播预告一般包含直播的时间、粉丝群的提醒以及直播间的贴片展示等。我们在直播开始前，可以进行直播预告的设置。以抖音为例，设置好之后，在账号主页、直播间退出页面、关注列表、直播间介绍、其他直播过程等处就会出现相关的直播预告信息。

当然，除了平台自带的预告设置功能，我们还可以在简介、背景图中加入直播预告，甚至有些账号会直接把名称修改为"×××5月3日晚8点直播"。当然，我们还可以拍摄预告短视频发布到账号上进行直播预告。

* 设置直播主题

很多人在开设直播时对主题不做任何设置，这时的直播主题默认就是"账号名字＋正在直播"，如"黑马唐正在直播"。这显然不是一个能传递有效信息、有吸引力的直播主题。还记得标签的用法吗？我们要尽可能地在直播主题中设置与直播内容相关的标签，如"海鲜'破价'进行中""新款服装上新"等，这样系统就可以快速判断出该直播间所属的行业领域，并快速为其进行用户匹配，同时也能让用户通过搜索发现直播间。

* 设置直播介绍

以抖音为例，在直播主题下方，我们还可以设置直播介绍。这个介绍会在用户进入直播间的第一时间显示在屏幕上，方便用户了解直播间的主题和内容。虽然主播可借助话术进行介绍，但很多情况下，鉴于直播间用户流动性较大，这时如果主播不断地重复欢迎话术，就会打乱直播流程，让先进入直播间的用户体验不好。这时直播介绍就起到了关键作用——帮助我们介绍直播主题，减少双方的时间成本。

* 开启同城定位

一般情况下，直播的定位功能是默认关闭的。对实体店来说，开启同城定位功能不仅能够帮助我们获得更加精准的流量，也能增加成交转化概率。因此，建议实体店在直播时开启同城定位功能，增加同城用户看到直播间的概率。

* 设置直播封面

设计一个好看、亮眼的直播封面，能快速抓住用户眼球，让他们在眼花缭乱的各种直播封面中，第一眼看到我们的直播封面并且点击进入。一般直播封面需要包含产品、主播、品牌标志或各类福利等信息。

* 发布预告型短视频

千万不要觉得为了预告直播而专门拍摄预告型的短视频是小题大做。仔细观察就会发现，很多知名主播在直播前，都会进行全平台的宣传，他们不仅会发布预告短视频，有时还会在其他 App 的开屏页中打广告。

预告型短视频一般分成 3 种，分别是日常短视频、预告短视频和花絮短视频。日常短视频是指我们可以在平时发布的短视频的标题、结尾或评论区进行直播预告。

预告短视频是指专门为了预告直播而拍摄的视频，一般都很短，主要强调直播间的主打产品和福利，可以在开播前 24 小时、12 小时、6 小时、2 小时、1 小时、半小时适当进行分发，目的是精准引流。这类短视频标签指向性很强，虽然没有很强的话题性和互动性，与用户的互动不会很多，甚至播放量也不会很高，但吸引的用户都很精准，因此我们发得越多，精准的用户积累得就越多，用户进入直播间的概率自然也会增加。

还有一种是花絮短视频。我们在直播过程中可以开启高光录制和回溯录制功能，平台会根据实际情况帮我们进行直播花絮的录制。当然，我们也可以用另一台设备一边直播一边进行花絮拍摄，拍摄完成后就可以发布。在直播过程中发布花絮短视频，"刷"到短视频的用户都能看到我们的头像有正在直播的特效，进入直播间的概率也会增加。

可见，预告型短视频并非只用于直播之前，在直播过程中也发挥作用。一场直播也许会持续几小时，在此过程中，用户随时都可能被吸引进直播间。

* 送福利

为用户送福利，如直播间分发红包或送福袋的时候，系统会自动识别，并且把直播间展现给喜欢抢红包和福袋的人，他们进来抢红包和福袋，直播间的人气自然就得到了提升。用户在等待抢红包的时候，也可以增加直播间的在线观看人数和用户平均停留时长。

* 投放

我们还可以进行投放，这同样可以提升直播间人气。

* 增加直播时长

虽然总计观看人数没有同时在线观看人数重要，但同样能影响直播间的人气。而增加直播时长，就是最简单的可以提升总计观看人数的方法。直播时长越长，用户进出的次数就越多，自然总计观看人数也就越多。

之前有个学员在听我讲课时对这一点印象深刻，于是他决定 24 小时不间断直播，效果非常不错。

如何提升直播间的互动频率

要想提升直播间的互动频率，主播的话术引导很重要，比如，开场时主播就可以说："今天有两个福利款产品，大家二选一，1 是 ×××，2 是 ×××，想要哪个就在评论区中评论对应的编号。"用户就会根据指令在评论区评论 1 或 2。在直播中，主播还可以引导用户点赞互动："现在点赞量有 7900 多了，目标 10000，目标达到我们就上一波福利。"用户就会为了更快上福利而快速给直播间点赞。主播还可以说："咱们这款产品是给粉丝的福利，想要下单的家人们别忘了先加入粉丝团。"加入粉丝团需要点亮灯牌，主播通过引导用户点亮灯牌，加入粉丝团提高直播间的互动频率。

此外，还有哪些方法可以提高直播间的互动频率呢？

* 派送福袋

派送福袋不仅可以设置粉丝团等级门槛，让粉丝点亮灯牌，提高互动频率，还能自定义参与口令，如"很心动，请尽快上架"，用户想要领取福袋时，可以在评论区评论参与口令，这样不仅能够大大提高互动频率，也能调动直播间用户参与互动的积极性，营造热闹的直播氛围，进而带动新进入直播间的用户。

* 设计用户参与环节

在直播时，主播千万不要坐在那里不停地讲，而是应该时时刻刻想着如何与用户进行更多的互动。而最简单的一种方法就是给用户出更多的选择题。比如，选择福利 1 还是福利 2，更喜欢蒜蓉还是麻辣，是旧房改造还是全屋定制等。用户做选择的成本并不高，这样互动的频率能大大提高。

* 投放

我们还可以通过投放锁定那些更愿意在直播间参与互动的人，通过他们的积极互动带动直播间氛围，同时愿意互动的用户也会增加在直播间的停留时长，这样就可以让平台给直播间分配更多的流量。

如何维护和管理好
直播间粉丝

当粉丝积攒到一定数量的时候，我们就需要对粉丝进行维护和管理。粉丝对于账号的重要性毋庸置疑，因此我们要倾注细心与耐心，维持与粉丝的良好关系。

直播间粉丝的特点

关于粉丝和粉丝团，相信有很多人不知道二者之间的区别。粉丝一般是指关注账号的用户，他们可以在"刷"短视频时点击账号头像进行关注或进入账号主页进行关注，也可以在直播过程中点击账号信息进行关注。

粉丝团是指在直播过程中，通过点亮灯牌，加入主播粉丝团，粉丝团只能在直播过程中加入。粉丝团成员不仅在直播间中有专属的标志，而且随着和主播的互动越来越多，其粉丝团等级还会不停上升，粉丝团成员能向主播送出很多有等级要求的礼物或者领取相应等级的福袋或红包。

我们如何设置粉丝团呢？以抖音为例，在直播过程中，点击屏幕左上角的黄色心形图标，即可进入粉丝团设置页面。我们可以为粉丝团设置一个专属名称。比如，我的直播间粉丝团叫"黑马"，主播与直播间用户互动时，就能通过用户名字前的粉丝团标志辨认粉丝团成员。

一般来说，除了粉丝团，我们还可以创建粉丝群。在账号主页找到"创建粉丝群"功能即可建立粉丝群，创建方法类似于微信群的创建。如果在账号主页中找不到对应功能，可以在消息列表中找到"创建聊天"功能，通过该功能就能创建群聊了。

如何在直播间进行粉丝维护

粉丝团成员和普通用户在名字显示上有比较明显的差异，同时粉丝团成员是比普通用户更加精准的用户，因此需要更加用心地对待。

比如，在你的粉丝团成员还不是很多的时候，有意识地记住一些粉丝团成员的名字，当他进入直播间时，你可以热情地打个招呼，比如，"欢迎×××来我的直播间，每次都那么准时，谢谢你的支持"，从而拉近你与粉丝团成员之间的距离。

此外，设置仅粉丝团成员能领取的福袋或红包；利用话术强调粉丝团成员福利，比如，"今天这个产品是专门为粉丝团成员准备的"；优先回答粉丝团成员的问题并与其进行互动；粉丝团成员购买产品优先发货或附带赠品……以上这些举措都能让粉丝团成员感觉受到重视，让他们获得更好的体验。

在做好粉丝维护工作的同时，我们也要对粉丝进行管理。如果直播间出现"黑粉"，即那些无理取闹、故意捣乱，甚至做出恶意攻击行为的用户，我们要及时清理或劝退，可以通过拉黑或者设置屏蔽词的方式解决问题，从而肃清网络环境，营造清朗健康的直播间风气，给其他用户带来良好的体验。

如何搭建好
私域运营体系

所谓"私域"，是相对于"公域"和"商域"而言的，三者的流量各有不同。公域流量是指平台给账号的公共的、免费的流量，商域流量是指通过付费获得的流量，私域流量则是私有的、专属的流量，是商家可以进行多次触达的用户数据。

构建高效的私域运营体系

私域运营是指通过建立自己的社群、用户数据库和粉丝群等方式，实现与用户的深度沟通和对用户的精准营销，从而增强用户黏性、提升品牌影响力等的一种运营模式。私域运营体系有三大特点，分别是强获客、正循环和高效率。

强获客是指私域具备更强的获客能力。我们需要通过短视频或直播等内容形式从公域或商域获取流量，从中筛选和沉淀下来的精准客户，可以作为我们的私域流量。

正循环是指公域和商域流量运营良好之后，可以提升私域流量的获取能力；而完善的私域流量体系也可以帮助我们提升账号权重，从而获得更多的公域和商域流量，形成正循环。

高效率是指当积累了私域流量之后，就可以通过粉丝群、私信等功能简单快速的方式一键触达这些用户，并形成高效的转化。

以粉丝群的搭建为例，我们可以搭建一个"短视频＋直播＋粉丝群"的私域运营体系，并对其进行划分。比如，我们经营的是一家零食店，那么我们可以把群划分为免费试吃群、福利多多群、红包抽奖群等；或者划分为福利粉丝群（面向潜在用户）、铁杆粉丝群（面向已经购买过产品或服务的用户）、真爱粉丝群（面向关注账号并且加入了粉丝团的用户）等。这样方便我们进行不同的信息分发以及用户管理。

了解了私域运营体系的三大特点之后，我们来看看搭建私域运营体系的 4 个步骤。

第一步，前置工作。我们可以通过私信拉平台粉丝进群、简介引导进群、评论引导进群等方式增加群成员。如果我们运营的是企业号，还可以设置私信自动回复。当用户关注我们或购买产品之后，可在自动发送的私信中提供加群信息，提升引导进群的效率。

第二步，提前设置好群公告或者进群欢迎语。让用户在进群的第一时间感受到我们的用心，知道我们对他们的重视。

第三步，给群主和群管理员设置人设。比如，设置称呼和背景，让用户能快速了解哪些是群管理人员，同时要让用户感受到群管理人员都是有温度的服务人员。

第四步，我们可以在群中推送最新发布的干货短视频，也可以解答群内用户提出的各类问题，还可以不断向他们提供专享福利，提升他们的活跃度和黏性。

借助平台优势搭建私域流量池

我们也可以借助平台成熟的账号体系，帮助私域流量实现高效转化和管理，以抖音为例，它有如下功能。

功能一：子母账号

为了让运营企业号的商家可以快速整合和管理海量的相关账号，释放更多矩阵账号的势能，满足企业对内容联动和管控的需求，抖音提供了子母账号功能。一个子账号可以授权由多个母账号进行管理，一个母账号可以同时管理多个子账号。

当我们的账号被认证为企业号后，账号就可以同时作为母账号和子账号，而个人号只能是子账号。当子母账号完成双向授权后，子、母账号均可以享受多种权益。比如，母账号可以对子账号进行统一管理，从而满足品牌方对各个代理商或者经销商进行统一管理或者让第三方代运营的需求。

比如，我们将企业号设置为母账号，门店员工的个人号设置为子账号，完成双向授权之后，多个子账号可同时为母账号引流。因为有母账号的授权，子账号可以在母账号直播时共享母账号的小黄车、商家页面等，同时还可以发布"软广"，相当于子账号拥有了原本企业号才有的功能。

功能二：设置私信自动回复

根据常见的用户问题或者用户提问时经常使用的关键词，提前设置私信自动回复。这样，当用户私聊账号时，账号就能第一时间回复用户，提升用户留存率。

一般常用的私信自动回复模版可以是"感谢语＋客服在线时间＋福利"或"优惠信息＋橱窗／门店／留资转化入口"，比如，"感谢您的咨询，客服在线时间为 09:00 – 21:00，新客有 6 折优惠，更多详细信息可通过点击下方链接进行了解"。

抖音的私信页面还可以自定义服务菜单，把用户经常咨询的问题和常用的功能整理出来形成服务菜单，用户点击服务菜单就能获取相关信息。

功能三：用户备注和标签分类

和微信备注及分组功能类似，很多平台也提供了用户备注和标签分类的功能，我们可以对用户以贴标签的形式进行分组分类，方便我们展开后续跟踪服务及管理维护。

通过以上功能，我们就可以搭建好私域运营体系，为用户提供更多、更好的服务，也方便我们进行更高效的用户管理。

热门篇

从这里开始，我们进入热门篇的学习，相信你通过对前面内容的学习已经掌握了账号运营和搭建，以及内容输出和用户引流与管理等技巧与方法。通过本篇的学习，我们将掌握打造爆款选题的能力，掌握各种上热门的技巧，从而获得更多的流量，实现更高效的成交转化。

如何
打造爆款选题

什么是爆款选题？爆款选题是指在平台受到广泛关注和热议的话题或事件。选题的热门程度是通过各项互动数据呈现出来的，如播放量特别高、点赞量特别高、评论量特别高等。

爆款选题可供我们二次创作及参考学习，利用现有的热门选题与自我见解或产品进行结合输出内容，便可搭乘爆款"顺风车"，轻松获得流量。

如何快速找到爆款选题

要想搭乘爆款"顺风车"，第一步需要掌握快速找到爆款选题的方法，我在这里梳理出六大方法供大家参考。

* 方法一：对标账号选题法

前面我们已经讲解了如何找到对标账号，我们可以将这些账号发布的爆款作品作为我们选题的灵感来源。

当然，对标账号可以多选一些，比如，可以找 5~10 个对标账号，这样可以参考的选题就更多了。另外，如果不同对标账号在短时间内都做了某个相同或者相似的选题，那么我们就需要非常重视这个选题。在此，我再次强调，可以参考别人的选题，但不能照搬照抄，这将导致内容同质化严重，无新意，也将涉及侵权问题。

一般情况下，我们想好一个选题后，需要对选题进行"选题验证"，也就是在平台上搜索对应的选题关键词，看看是否出现过不少爆款。如果有爆款，就说明验证通过，该选题可以使用，成功概率会高一些。

* 方法二：热门问题选题法

热门问题选题法是指通过在其他平台搜索相应问题的关键词，从而筛选出平台用户关注的问题。一般来说，互动数据比较好的话题都有成为爆款选题的潜质。

比如，我们在知乎上搜索"榴梿"，可以看到在"榴梿应该怎么挑"这一问题下面有很多网友参与回答，且第一名的点赞量很高，那么这个话题就可以作为我们的参考选题；比如，我们在小红书上搜"装修"，可以看到装修笔记"厨房装修 9 个地方别踩雷"的点赞量有 30 多万，下面的评论也很多，这个选题也可以参考。

平时我们还可以多与用户沟通，他们提到的最多的问题，以及表示不理解的地方，都可以成为我们的参考选题。这就需要我们有足够的洞察力、判断力与行动力，及时发现用户需求并满足他们的需求。比如，长期伏案工作的朋友大多有腰部肌肉酸软的问题，如果我们能关注用户的这些痛点与需求，通过视频讲解如何快速缓解腰部肌肉酸软，也能获得用户的欢迎。

使用热门问题选题法选出的话题无须再次验证，但从与用户的日常沟通中提炼的选题需要验证。比如，你开了一家小龙虾店，平时主要卖的是蒜蓉味和麻辣味的小龙虾，但最近发现不少顾客在吃饭时总在谈论芝士味小龙虾，那么你就可以在平台上搜索"芝士小龙虾"，然后看到抖音相关作品中点赞量高的有近60万，这说明"芝士小龙虾"是一个爆款选题，验证通过。

* 方法三：营销日历选题法

什么是营销日历？简单来说，就是把可以为营销造势的热点事件的时间都标注在日历中，如将节日、节气、世界级比赛日、纪念日，甚至名人的生日等都在营销日历上清楚地标示出来。有了营销日历，我们就能提前对可以利用的时间节点进行选题输出。

比如，你开了一家理发店，发现还有3天就要放暑假了，此时就可以考虑推出学生暑假洗剪吹套餐，并发布各种适合学生的发型的视频；又如你开了一家装修店，现在正值世界杯期间，你就可以输出一些与电视墙、电视柜等相关的内容，这样就可以很好地和世界杯的主题结合在一起。

与社会上突发的热点事件不一样，营销日历中的热点事件更偏向于固定的、可预知的事件，而突发热点事件更偏向于随机的、不可预知的事件，比如，哪支球队夺冠、泰国榴梿供应商集体涨价等，这件事件只有发生了我们才会知道。目前，市面上有各种功能完善、内容丰富的营销日历可供选择，选择适合自己的即可。

这类选题的验证，也是通过在平台中搜索。比如，你开了一家宠物用品店，想在五一做一个活动进行推广，直接在平台搜索"五一宠物"，可以看到有很多在五一假期带着宠物出门旅行的攻略，点赞量较高，那么选题验证通过。因此我们可以发一些和宠物出行相关的视频。

* 方法四：用户痛点选题法

这个方法需要我们有比较强的观察能力和总结能力，然后针对目标用户进行细分，同时对细分之后的人群进行痛点分析。

比如，我开了一家装修店，覆盖25~40岁的人群，这些人可以细分为职场新人、职场老人、新婚夫妇、中年人、家庭主妇、宝妈、创业者、公司老板等不同类别，他们的痛点可能有找工作、做副业赚钱、沟通、处理婆媳关系、实现梦想、旅行、升职加薪、辞职等。接着，我们只需要把对应的细分人群和其痛点进行结合就可以得到选题。比如，新婚夫妇与处理婆媳关系、家庭主妇与做副业赚钱等。

验证这类选题时，需要在这些关键词的基础上加上对应的行业。比如，搜索"婚房　婆媳　装修"，可以看到类似的选题"婚房要装修，我却和婆婆意见不统一，大家觉得婆婆说的对吗？"，是不是就很符合我们的要求，同时其点赞量超过16万，选题通过。比如，搜索"家庭主妇　做副业赚钱　装修"，你会发现相关视频数据不好，可见这3个词相结合，无法形成一个爆款选题，因此验证不通过。

* 方法五：九宫格选题法

九宫格选题法就是先画两个九宫格，然后在左边九宫格中心处写上"用户需求"，在右边九宫格中心处写上"内容标签"，然后尽可能地把它们周围的8个格填满。用户需求就是用户希望达成的目标，内容标签就是用户在意的内容中包含的关键词。比如，一家装修店，用户的需求可以是方便、安全、卫生、省钱、有保障、送货、大气、简约等；而内容标签可以是阳台、卧室、客厅、设计、布局、水电、电视、灯饰等，如图 5-1 所示。

图 5-1　九宫格选题法

接下来，我们把上下两个九宫格的内容随意结合，就可以形成选题，如阳台与省钱，电视与大气。我们再来进行选题验证，搜索"阳台　省钱"，可以看到某条相关视频拥有上百万的点赞量，因此这就是一个很有爆款潜力的选题；搜索"电视　大气　装修"，可以看到相关视频的点赞量高达 20 多万，因此这两个选题都验证通过。

* 方法六：自身经验选题法

在一个行业深耕足够长的时间，自然就会对该行业有一定的了解，这时就可以根据自己的经验和所掌握的知识进行选题的输出。

我建议大家使用"三有"原则进行选题策划，"三有"分别是有用、有料、有情。

» 有用，是指我们要输出足够丰富、有用的知识，让用户看完之后能学到东西。比如，宠物店账号输出的"狗狗不爱吃狗粮，这3个动作帮你搞定"。

» 有料，是指我们的内容要有足够的亮点与趣味。比如，科普行业内的冷知识或者工作中的趣事；装修店账号输出的"80%的装修师傅都容易搞错的4个小细节"。

» 有情，是指我们的内容需要能够引发用户的共鸣，可以是环境的共鸣，也可以是身份属性的共鸣。比如，美容店账号输出的"两个小动作，拯救你的油脂性皮肤"。

这类选题可按之前的方法进行验证。此外，如果我们的搜索关键词中不包含行业标签，选题验证搜索时加上即可。

接下来我们做个练习，请根据自身情况完成九宫格的填写。

我开了一家 _____ 店，其"用户需求"与"内容标签"如下。

	用户需求	

	内容标签	

爆款选题案例分析

对平台上的爆款作品进行拆解与分析，可以帮助我们更好地理解爆款选题，提升我们打造爆款选题的能力。

前面我们提到过，相对而言，粉丝量比较高的账号发布的内容的参考性不是那么强，因为这类账户有足够大的粉丝基数，同时这类账号也可能投入更多的人力和物力，甚至是通过投放提升整体数据。

与之相反，如果一个新号在还没有什么粉丝的情况下却能做出数据很好的作品，就很值得我们参考，这就是行业内所说的"低粉爆款"。接下来，我选了两个低粉爆款的典型案例进行讲解，供大家参考学习。

案例一

图 5-2 是一个钢琴老师小红书的账号，从左侧的图中可以看到，多个作品所获得的点赞量只有十几个。而在我截图时，账号仅有 2052 个粉丝。在这种情况下，却出现了一篇收获 8229 个点赞，收藏量高达 6217 的爆款图文笔记。

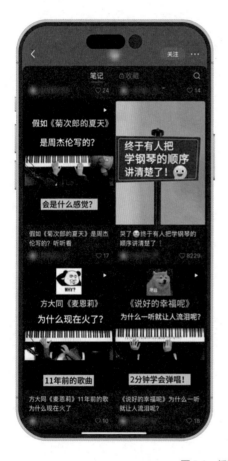

图 5-2　低粉爆款案例一

我们来具体分析一下，这个作品为什么能够吸引如此多的点赞和收藏。

引流获客　热门篇

首先来看标题，标题是"哭了，终于有人把学钢琴的顺序讲清楚了！"该账号运营者本身就是一位钢琴老师，因此选题是符合账号内容方向的，同时在标题处直接用"学钢琴"这个词锁定了兴趣或技能的类目，即我们说的行业标签。

其次，选题使用了一个很有代入感的情绪表达技巧，"哭了"就是很多人学钢琴过程中最想表达的情绪，很容易让用户感同身受，自然就会更愿意点开看。

最后，在正文下方附加有"＃干货分享""＃钢琴教学""＃钢琴入门"等相关话题标签，方便平台精准推送给更多喜欢这类内容的人。

这个案例给我们带来哪些启示呢？这个爆款选题的核心点在于学钢琴，我们可以直接参考做类似的选题，也可以根据自己的教学体系梳理一个学钢琴的顺序进行讲解说明，封面样式和正文可以参考这个案例；我们还可以换一个兴趣或技能，如学吉他、学尤克里里等，然后参考输出相应内容即可。

因此，如果你也是同类型的教学号，可以输出以下选题：

» "哭了，终于有人把学吉他的顺序讲清楚了！"
» "哭了，终于有人把学尤克里里的顺序讲清楚了！"
» "哭了，终于有人把学唱歌的顺序讲清楚了！"
　　……

案例二

在图 5-3 中，左图显示是一家花店的账号主页，从该图中可以看到该账号平时的作品所收获的点赞量一般为几百，但最近有了一个点赞量 2.1 万，收藏量 5000 多的爆款作品。

图 5-3 低粉爆款案例二

看图 5-3 右图，我们来具体分析一下这个爆款作品的亮点在哪里，又能给我们带来哪些启发。首先，标题"第12集摆地摊花束包装教学100期'第12期'，艾特摆摊的TA一起来学！"，这是数字式和命令式结合型标题，有很强的引导感。对该系列视频作品感兴趣的用户会主动关注账号，期待后续内容。

其次，标题还引导用户将内容分享给他人，从而助力视频传播。同时，视频中附带了花店的POI链接，用户可以通过点击链接进入商家主页，查看对应的门店信息和产品信息等。

接着，作品主题是摆摊花束的包装教学，用户的获得感会很强，会认为看完之后自己也可以马上学会，并且也可以去摆摊卖花。同时，简单的花束加上精美的包装，可以提高花束的价格，能激发用户的兴趣。

最后，除了展示"#××花艺""#地摊卖花"等品牌标签和行业标签，还包含导向性很明显的"#花艺教学""#零基础花艺培训"等花艺培训的标签。这样想要参加花艺培训的人就会更容易"刷"到这条视频，也就更有可能被转化。

在这个案例中，最大亮点就是系列作品所产生的长期价值，我们也可以输出类似系列选题，如"100期花语揭秘""100期鲜花介绍"等。封面的风格和元素、拍摄手法也都可以是固定的，这样将极大地降低拍摄剪辑的成本。

创作爆款选题的注意事项

前面我们已经学习了如何找到爆款选题，也学习了爆款选题案例，现在我们来看看创作爆款选题时，还需要注意哪些事项。

* 覆盖

覆盖是指选题所能精确触达的目标人群和地域范围，我们需要根据自身情况去调整覆盖范围的大小。比如，参考选题是"厦门装修的 8 个注意事项"，如果我们在广州，能否直接将选题设计为"广州装修的 8 个注意事项"，当然是可以的，但区别在于厦门不大，几乎是半小时生活圈，而在广州，半小时可能连一个区都没走出，直接用广州的话，可能会造成覆盖范围太大而不太精准的情况。比如，用户在广州花都区买的房子，是不太可能找一家位于广州南沙区的装修公司装修的。因此这时你把选题变成"广州花都区装修的 8 个注意事项"，也许会更有利于门店引流获客。

除了地域，价格也是影响覆盖的因素之一。如果同样是装修，需要在"10 万元以内的装修"和"50 万元以内的装修"两个选题中选择一个，建议选择前者，因为虽然大家都想看 50 万元甚至更贵的装修是什么样的，但其中更多的人是一个看热闹的心态。而自己装修时，大多以省钱为主，因此"10 万元以内"的装修能覆盖更多的精准用户。

除了上面讲解的，影响覆盖的因素还有很多，我们可以根据行业特点不断挖掘。

* 痛点

痛点是指用户在日常生活中遇到的，需要我们提供解决方案去化解的问题。其中，用户感受深刻，出现频率高的痛点，可以成为我们优先选择的创作方向。

比如，针对一家牙科诊所，面对"如何挑选牙刷"和"错误使用牙刷带来的危害"这两个选题时，我们可以通过分析用户痛点的方式决定。挑选牙刷，目的是养护我们的牙齿。牙刷的功能一致，差别不会太大，且需要时常更换。而不同的牙刷使用方法，则会带来千差万别的效果。相比于如何挑选牙刷，如何正确使用牙刷则更容易戳中用户的痛点。

* 时效

时效是指这个选题是否符合当下的时间和热点。比如，现在是 5 月，有一个关于冬天的选题和一个关于夏天的选题，那么后者在时效方面明显会更适合；世界杯期间与该话题相关的选题，明显会有更高的关注度。针对知道具体发生时间的事件，我们可以提前做好准备；针对突发性事件，我们需要快速反应，及时发布相关作品。

* 互动

互动主要是考虑我们的选题是否具有话题性。比如，"卧室这么装更好看"和"婆婆看了都喜欢的卧室应该这么装"这两个选题，后者因为加入了人际交往中经久不衰的婆媳关系问题，比前者更有话题性。又如你开了一家游戏店，市面上最火的游戏就会更有话题性，相反如果你推荐的都是很冷门的游戏，话题性就会较差。

* 相关性

相关性是指选题与用户在利益、需求和情感上的关联程度。选题内容与用户的利益息息相关，用户便会观看、收藏并转发。

* 情绪价值

一般情况下，我们把情绪价值分为正向高唤醒情绪、正向低唤醒情绪、负向高唤醒情绪和负向低唤醒情绪 4 种。正向高唤醒情绪是指崇拜、兴奋、激动等情绪；正向低唤醒情绪是指舒适、愉悦、轻松等情绪；负向高唤醒情绪是指恐惧、慌张、焦虑等情绪；负向低唤醒情绪是指低迷、沉默、不适等情绪。

我们常见的爆款选题一般都具有正向高唤醒情绪或负向高唤醒功能，这两种情绪最容易调动用户的感知，引发用户的共鸣，如爱国情怀、思乡情怀与重大灾难、危险警告等，具有这些情绪的选题都是容易获得高流量的选题。

在此，我想强调一点，除非特殊情况，我们尽可能只输出正能量的选题，毕竟作为实体店，我们也要建立自己的品牌形象。负能量的内容输出多了，容易让用户觉得我们的账号就是负能量的。这对于我们的引流转化很不利。

如何通过
热点事件上热门

我们在前面提到营销日历的时候，也介绍了热点事件和营销日历的区别。使用营销日历时，我们借助的事件更偏向于固定的、可预知的，到了时间大多会发生的事情，而热点事件更偏向于随机的、不可预知的事件，只有发生了我们才会知道。接下来，我们就来详细地了解一下如何运用热点事件增加上热门的概率。

如何找到热点事件

说到"热点事件"，就不得不提新浪微博，这个平台可以说是很多热点事件的第一获取渠道。用户打开新浪微博后，点击下方菜单中的"发现"按钮就可以看到"微博热搜"的部分话题，点击"更多热搜"选项就能看到完整的热搜榜。

此外，各个短视频平台也有自己的热搜榜，查看热点事件的方式大体相同。短视频平台热搜和微博热搜都会关注社会热点事件。此外，短视频平台热搜中会有一些和自身平台相关性比较强的话题。

以抖音热搜榜为例。点击抖音页面右上方的放大镜图标，在弹出的新页面中不断下滑至页面底部，可以看到"查看完整热点榜"按钮，点击该按钮便可进入"抖音榜"页面。抖音热搜榜包含了热点榜、"种草"榜、娱乐榜、社会榜、挑战榜、同城榜等，每个榜单含50条左右的内容，实时更新，是目前大家可以比较完整了解热点事件的渠道之一。尤其是同城榜，对一些意在深耕本地市场，打造良好口碑的实体店有比较大的帮助。

图 5-4　抖音热榜

在图5-4中可以看到很多和同城相关的热点事件，如果我们经营的是旅行社，那么"广东小众度假海岛"就是一个很好的热点选题；如果我们经营的是餐饮店，那么"潮汕牛腩手工面有多香""潮汕的肠粉有多香""广东名菜八宝海味冬瓜盅"等也是很适合的热点选题。

追热点需要注意什么

现在我们知道了从哪里可以找到热点，但热点找到了后应该如何科学、合理地追热点呢？有以下几点需要注意。

* 时效性

首先热点是有时效性的。很多热点往往是爆发力越强，时效性则越差，也就是所说的"火得快，凉得也快"，因此我们要及时把握热点。面对刚爆发的热点，我们要快速产出内容，且不落窠臼，这很考验我们的能力，需要我们多加练习。

* 关联性

追的热点要与我们的账号调性、创作方向以及产品定位有关联性，否则会带来不精准的流量。假设你在与账号内容不相关的热点话题中发布了引导关注的视频，热点话题让你的视频上了热门，还带来了很多流量，也涨了不少粉丝，但这些新关注的粉丝大概率都是因为热点事件来的，他们虽然关注了你，却不是账号的精准用户，因此大概率他们不会再来查看账号的其他内容，造成账号的"不活跃粉丝"比例升高，账号的数据会因此受到影响。

此外，在我们打开平台热点榜的时候，可以在对应的话题中找到"拍摄""参与""上传"等功能，通过上传自己的作品参与热点话题的讨论。这样当用户打开相应的话题页或者搜索相关话题的时候，就有可能看到我们的作品。如果我们的作品被发现与热点话题的关联度不高，那么平台将会取消作品和热点话题之间的关联，并发送审核不通过的提示信息，这将会影响我们其他作品的审核，所以我再次强调，不要为了追热点而追热点。

* 风险性

还记得我们前面提到的情绪吗？情绪有正向的和负向的，很多热点事件的背后其实是带着负面情绪的，在这种情况下我们去追热点就会有风险。比如，你开

♡ 205

了一家果蔬店，追了"上海男子囤菜获利 150 万元"的热点就会有很大的风险。虽然门店与热点事件的关联度很高，但这个热点事件本身并不是一个正向的事情，盲目追热点一来容易引发用户的不良情绪，二来会造成用户把内容和账号进行强关联，进而对门店的经营产生不良影响。

* 角度

有些人可能会说，平时店里工作很忙，等到看到热点时可能别人都已经追过了，总是慢一步怎么办？我们可以考虑换角度追热点。

如果你是一位厨师，需要你追世界杯这个热点，你会想到什么有创意的点子？一位厨师是这样做的，他发现手中长长的、金黄色的南瓜很像世界杯的冠军奖杯——黄金打造的大力神杯。于是，他用刀把南瓜雕刻成了大力神杯的样子，既追了世界杯这个热点，又展现了自己精湛的刀工，这个充满创意的角度直接让他涨粉无数。

不过，之所以说创意是最难的，是因为创意可遇不可求，有时你绞尽脑汁都想不出来。因此不用太苛求每条视频都要有很好的创意，有时间可以多思考，想不出来也没关系。

所以，无法在速度方面超越别人，就要多思考一下还有没有别的角度可以切入。这需要我们多练习，练习得越多，对于各个角度的敏感度也会越高，自然就不怕追不到热点。

如何借力
官方活动

平台推出的官方活动也是爆款选题的来源之一，参与之后，创作者会获得相应的流量扶持。图 5-5 所示分别是抖音、小红书、微信视频号的官方活动页面，其中都有详细的活动介绍及相应的流量扶持政策，参与官方活动对于初创账号的运营可以起到很大的帮助。

图 5-5 官方扶持案例

如何参与平台官方活动

很多朋友反馈，他们不是不想参加平台官方活动，而是根本就找不到平台官方活动的入口。下面我就先为大家讲解如何找到这些活动并参与。

* 抖音

» 抖音 – 服务通知

打开抖音 App，点击"消息"按钮，找到"服务通知"，其页面如图 5-6 所示。

"服务通知"页面中的功能选项包括"功能通知""商家服务通知""直播通知""订单通知""抖音创作者中心""第三方服务通知""任务通知""活动通知""合作通知""游戏通知"等，我们使用比较多的功能选项是"商家服务通知""抖音创作者中心"和"活动通知"这 3 项。

图 5-6

在"商家服务通知"功能选项中我们能看到很多官方活动的消息，如"5·20百亿流量扶持""三八节大促抢量'爆单'"等活动，点击进去就可以看到参与方式和流量扶持规则等。

在"抖音创作者中心"功能选项中，平台会不定期发布一些官方挑战赛或创作者激励计划，创作者只要参与就会获得流量或者资金的扶持。区别于"商家服务"功能选项主要为企业号服务，"抖音创作者中心"功能选项的服务对象则主要是个人账号。

"活动通知"功能选项中呈现的多是品牌挑战赛，即各大品牌方在抖音平台举办的活动。因为是品牌方举办的活动，很多企业号往往与该品牌方存在竞争关系，所以个人号更适合参与该类活动。

图 5-7　创作灵感页面

» 抖音 – 创作灵感

打开抖音，点击右上角的放大镜图标，输入"创作灵感"进行搜索，得到的页面如图 5-7 所示。

点击进入，即可进入"创作灵感"专题页（见图 5-8 ）。

平台会根据用户兴趣和喜好为用户推荐个性化的活动话题，每个话题下方还有对应的搜索热度，点击"立即拍摄"即可上传作品参加活动，并可获得相应的流量扶持。

图 5-8　创作灵感专题页面

同时"创作灵感"功能选项也能反映账号的垂直度。对于深耕某一领域或行业的账号，"创作灵感"专题页中推送的内容大都是与该领域或行业相关的活动话题。

此外，平台还为用户推出了"创作灵感小助手"，关注小助手并点开其账号简介便可看到"官方网站"链接，点击链接也可以进入"创作灵感"专题页。或者我们直接搜索"创作灵感"，点击最前面的话题并点击"去查看"，也能进入"创作灵感"专题页。

» 抖音 – 创作者中心

在搜索"创作灵感"时，平台往往会为我们推送"功能·抖音创作者中心"这一功能选项，如图 5-9 所示。

图 5-9　抖音 – 创作者中心

点击"去查看"按钮可以跳转到对
应页面，虽然这个页面也叫"创作灵感"，但与之前所提到的"创作灵感"页面并不一样，这个页面更像是抖音创作热门素材的集合地。简单来说，这里大多是用户自创的话题，且话题质量比较高，官方为此整理出一个合集供用户参考，用户可在这里提取创作素材，获得创作灵感。

» 抖音 – 企业服务中心

"企业服务中心"，顾名思义就是主要为商家账号服务的功能选项。当我们将账号认证为企业号之后，打开账号主页，点击右上角的隐藏功能区，即可看到菜单选项中有"企业服务中心"。如果是个人号，菜单选项中就有"创作者服务中心"。

点击"企业服务中心",找到"涨
流量 – 创意灵感",即可进入"创
意灵感"页面,如图 5-10 所示。

虽然名字都差不多,但该页面内容
与前面所提到的"创作灵感"专
题页完全不同,该页面包含了"行
业视频""同行企业主""行业话
题""热门广告""抖音热点"等
选项,每个选项中的内容都是官方
收集整理好的、可参考的活动话题、
视频或账号。我们只要根据推荐输
出类似的内容,就有机会使作品进
入相应专题页,并被更多的人看到。

* 小红书

» 小红书 – 消息通知

打开小红书,点击下方菜单栏的
"消息"图标进入消息页面,就可
以看到"消息通知",如图 5-11
所示。

图 5-10　创意灵感页面

图 5-11　小红书消息页面

特别提醒的是，小红书的官方话题有些是公用的，比如，图 5-12 中的"十一旅行日记"，适用于各行各业，感兴趣的用户都可以参加。而有一些相对比较垂直，如图 5-12 中的"路亚大赛"，只有特定行业参加才会有效。

图 5-12　消息通知

* 微信视频号

» 视频号-创意风向标

在微信视频号中，推送热门活动信息的功能叫作"创意风向标"，打开方式为：点击微信下方菜单栏中的"发现"-"视频号"-"右上角人像"-"创作者中心"-"创作者服务"-"更多"，即可进入"创意风向标"功能，如图 5-13 所示。

从图 5-13 中我们可以看到，有"5·19 中国旅游日""心动告白季"等多样化的官方活动，点击对应标题可以查看活动详情。参与次数越多，说明活动越火爆，发布同类型作品也就更容易获得流量。大家可

图 5-13　创意风向标页面

以从中选择适合自己账号的活动进行参与。

如何用平台工具找热点

关于找热点，除了前面提到的各平台热搜榜单，我们还可以使用平台提供的工具寻找热点。

以抖音为例，在计算机上打开浏览器，输入"抖音热点宝"进行搜索，如图 5-14 所示，点击即可进入"抖音热点宝"页面。我建议大家在计算机上查看抖音热点宝的数据，相应的功能和数据会呈现得更加清晰和详细。

图 5-14　抖音热点宝

抖音热点宝是抖音官方推出的创作者工具，汇集了抖音每日 3000 多个热点，提供热点数据解读、热点预测洞察、官方活动日历和热点广场等功能，能帮助视频创作者更直观、全面地了解热点趋势。

* 热点数据解读

通过对热点数据的解读，我们可以了解热点的全生命周期，并按周进行数据总结，同时还可以对热点面向的用户进行特征分析。该功能对于账号视频核心数据的掌握、用户画像分析，以及播放量的提升都有较强的参考价值。

"热点数据解读"功能不仅可以用于详细分析自己的账号，还能对其他账号进行分析，包括最近涨粉比较快、近期收获点赞量比较多的账号，并可以根据行业及时间范围进行数据解读。

* 热点趋势洞察

"热点趋势洞察"中有以分钟为单位进行更新的上升热点榜，该上升热点榜和我们之前所了解的热点榜单不同之处在于，该榜单可以根据不同行业、不同城市筛选热点，从而帮助我们更快地找到所需的热点，如图 5-15 所示。

图 5-15　同城热点榜

比如，一家位于广州的汽修店，就可以在筛选条件中选择"广州 + 汽车"，如此筛选出来的热点就更符合其需要，便于其展开内容创作。

* 官方活动日历

很少有平台会提前公布官方活动，但抖音提供了官方活动日历，不仅表现了平台的内容规划能力，也能帮助创作者提前做好准备，从而获取更多优质精准的流量。

图 5-16 显示的是抖音 2023 年 5 月的活动日历，其中包含 3 类内容，即"热点宝荐""重点活动"和"常规活动"，并分别用不同的颜色在页面中进行标注。

周一	周二	周三	周四	周五	周六	周日
1	2	3	4	5	6	7
再现电影列表和歌单里的香港				抖音花游会	听了营养师的话感觉我又行了	
住在浪漫的海边看风景				抖音搜索流量来了		
令人心动的春日游园会				和小动物们的春日治愈之旅		
还有 9 个活动	还有 9 个活动	还有 9 个活动	还有 9 个活动	还有 5 个活动	还有 1 个活动	还有 1 个活动
8	9	10	11	12	13	14
抖音搜索流量来了						
和小动物们的春日治愈之旅						
听了营养师的话感觉我又行了						
	还有 1 个活动	还有 1 个活动	还有 1 个活动	还有 1 个活动	还有 1 个活动	还有 1 个活动
15	16	17	18	19	20	21
🔥 给你种草我旅行过的地方						
抖音搜索流量来了						
和小动物们的春日治愈之旅						
还有 3 个活动	还有 2 个活动	还有 2 个活动	还有 2 个活动	还有 2 个活动	还有 2 个活动	还有 2 个活动
22	23	24	25	26	27	28
		晒出你相册里的南京				
🔥 给你种草我旅行过的地方			总得去一趟南京吧			
抖音搜索流量来了						

抖音搜索流量来了 话题互动　🖅 参与

活动时间	1月16日－6月30日
投稿时间	建议在 1月16日 12:00－6月30日 23:44

内容形式　1."抖音搜索流量来了"长期推出创作者流量密码箱，给到美食、酒旅、休娱、丽人领域创作者最新、最热创作风向指引，助力内容"引爆"流量。每月加码玩法奖励，千万流量等你来拿！具体奖励详情见话题活动页。

2.【投稿要求】带话题#抖音搜索流量来了 添加门店/景区位置信息，且标题内含"风向词库"任一风向词，发布内容即视为成功参与。

3.【风向词库在哪里】抖音App搜索 — 话题#抖音搜索流量来了 — 进入话题活动页面，即可实时查看最新高热创作风向词。

关联话题　#抖音搜索流量来了

图 5-16　抖音活动日历

以"抖音搜索流量来了"这个常规活动为例,点击条目我们便可获取活动详情。比如,活动时间是 1 月 16 日 12:00 至 6 月 30 日 23:44,主要适用于美食、酒旅、休娱、丽人等领域。在活动期间,用户只需在发布视频时,带上话题"# 抖音搜索流量来了",添加门店／景区位置信息,即可参与活动。

通过官方的活动日历,我们可以提前知晓平台的官方活动,并提前为活动准备素材,第一时间抢占热点。

* 热点广场

"热点广场"包含热榜聚合页和热词趋势页。其中,热榜聚合页包含热点总榜、视频总榜、低分爆款视频榜、高完播率视频榜、高涨粉率视频榜、高点赞率视频榜、话题榜、热度飙升话题榜、搜索榜、热度飙升搜索榜,可以给用户提供多样、可参考的话题和内容。

参与官方活动的注意事项

参加平台的官方活动可以帮助我们更好地提升作品流量,同时也能锻炼自己的选题能力,但要注意以下几个方面。

* 明确行业相关性

有些活动在细则中已明确了所面向的行业范畴,比如,前面所提到的"# 抖音搜索流量来了"活动只针对特定的行业,并非全行业适用。如果我们所属的行业不在相应范围内,就算添加了对应话题,也不能获得流量扶持。所以,我们应看清楚规则,参与同我们所属行业相关的活动。

* 了解活动门槛

除了对参与活动的行业有相应规定，有些官方活动还设置了参与门槛。比如，只有粉丝量在 10 万以上的企业号才能参加活动；或者参与该活动不仅需要附带相应的话题，还要添加对应的文案等。我们在参与活动时要看清楚、看仔细。

* 牢记活动时间

每个活动的时间跨度不一，有些活动可能持续大半年，但有些活动可能只持续几天，这需要我们看好活动时间并牢记。一般参与每个活动能获得的总流量都是有限的，比如，活动文案中写到"共同瓜分千万流量"，这就意味着所有参与活动的账号一同分配有限的流量，越早参与则越容易获得平台的流量扶持。

如何
增加上热门的概率

我们已经学习了如何通过投放的方式获取精准的流量，但上热门投放与精准投放又有哪些区别呢?

上热门投放和精准投放的区别

这两种投放方式的区别与爆款打法和引流打法的区别类似。虽然我在前面提到过，1 个有效转化远胜 10 万播放量，但也不能说上热门投放或爆款打法的作用与效果就不如精准投放或引流打法，二者需要相互配合。爆款打法更侧重于 10 万播放量或者更高播放量的获取，然后通过把流量吸引过来进行层层筛选，最后获得精准流量，更适用于账号运营比较成熟的后期;引流打法更适用于账号运营前期，特别是闭环阶段，是从一开始就以获取精准流量为目标的，不太在意每条视频是否都是爆款，更在意整个引流成交的链路是否完整。

上热门投放和精准投放的区别也是如此，精准投放是想方设法缩小投放的人群范围或地域范围，比如，覆盖门店方圆 6 千米范围内的用户，或者 20~25 岁的广州女性等，触达的用户越精准，引流的效果可能就越好。

而上热门投放和爆款打法一样，都是先想方设法让视频获得更多的流量，而不在乎流量够不够精准，获得的流量越多，视频上热门的概率就越大。这里我也提醒一下大家，不精准的流量，也会影响账号后续的运营。大家要结合账号定位，权衡使用。

上热门投放的技巧

在了解了两种投放方式的作用与区别后，我们对如何开展接下来的工作就有了一个清晰的认知，也会更加谨慎地看待对上热门投放的使用。各个的平台都有自己的官方投放渠道，在这里，我以抖音的上热门投放方式为例进行讲解。首先，我们来看一下抖音中的热门投放的 6 个重点。

* 推荐形式

抖音的推荐形式一般分为两种：一种是系统智能推荐；另一种是自定义定向推荐。

如果是上热门投放，推荐使用系统智能推荐。系统智能推荐除了考虑作品内容与用户的标签属性相符，还会考虑用户的操作习惯。比如，某些用户更喜欢点赞，某些用户更喜欢评论，某些用户更喜欢关注等，把作品推荐给这些人，作品上热门的概率就会更高。如果我们想获得精准的流量，那么建议采用自定义定向推荐，设置好门店地址、用户画像等信息，这样投放的效果会更好。用户可以根据账号运营情况、粉丝基数及推广需求酌情选择。

* 投放方式

投放方式分为单个作品投放和批量投放两种。单个作品投放是指每次只投放一个作品，如果觉得效果好可以继续跟投，也可以重新再投。批量投放是指同时投放 2~5 个作品。采取批量投放方式时，系统会智能分配投放金额，一开始系统会给每个作品分一小笔投放金额，用于测试它们的实际投放效果，并从中筛选出投放效果最好的作品，接下来系统会将大部分的投放金额分配给它，而其他作品所能分到的投放金额很少，甚至没有。系统的这番操作相当于"将好钢用在刀刃上"，集中资源去支撑最有可能成为爆款的作品。这一过程都是系统通过算法展开实时计算和运作的，我们无须进行过多的手动设置就能实现投放效果的最大化。批量投放的原理类似于赛马，多匹马一起跑，谁先突出重围，谁就有可能带来更多的收益。

* 投放目标

关于投放目标，有门店位置、主页浏览量、点赞评论量、涨粉量和线索量等可供选择。那么，进行上热门投放时，面对这么多选项，哪个选项更能直观体现投放目标呢？答案是点赞评论，原因如下。

第一，点赞评论量是所有目标中最容易获取数据的一个，毕竟用户点击门店位置、进入账号主页浏览，甚至填写表单，这些动作的时间成本都相对较高，而点赞、评论只需要动动手指就能快速完成。

第二，点赞评论量和作品的好坏息息相关，用户通过点赞和评论给我们反馈。如果点赞、评论量很高，证明我们的作品是受用户喜欢的，我们也可以根据数据表现，判断是否可以继续使用类似的话题或脚本。而其他指标提升，如粉丝量增加很多，并不一定能说明作品质量好，可能还有人设或者长期价值等其他原因，因此我们无法通过它判断每一个作品质量的好坏，它也无法帮助我们进行持续的优化。

* 投放时长

抖音投放的时长一般有 6 小时、12 小时、24 小时等选项。上热门投放时长建议选择 24 小时，因为平台上用户的活跃时间并不一致，覆盖了全天的所有时间段。如果我们的投放只是针对某个时间段，可能会出现未触达活跃用户的情况，那么投放就达不到理想的效果。因此，我们把投放时间拉长，这样系统就会在每个时间段进行测试，效果好的话就投入更多预算，以确保投放效果的最大化。

如果我们需要精准投放，就可以把投放时长尽可能缩短，并且匹配账号粉丝的活跃时间。比如，从账号后台我们可以看到，粉丝比较喜欢在 12 点到 14 点点赞或评论我们的作品，也就是说，他们在这个时间段是最活跃的，因此我们可以选择在这个时间段投放，效果就会比较好。

当然，还有一点需要注意的是，因为一些账号在发布作品后需要由平台审核，所以我们需要注意观察平时的审核时间大概是多久。确定审核时长的方法很简单，当你的作品播放量不再是 0 或 1，每次刷新播放量都会增加时，就意味着审核通过了，这时就可以计算出审核时长。有些账号的审核时间是半小时左右，那么这些账号就需要在用户活跃时间段之前的半小时发布作品，这样才能使作品在审核通过之后，刚好匹配用户的活跃时间段。

* 投放预算

假设有 2000 元的投放预算，请问你会如何规划呢？我们可以视不同情况来定，如果是在账号运营前期，建议分批分段投放，比如，将 2000 元用于 10 次投放，每次使用 200 元，这样就可以快速判断出哪个时段的投放效果更好，然后优化调整，提高投放效率。如果我们已经有了相关经验，就可视不同情况选择投放方式，这样更加灵活有效。

我们又该如何判断不同投放方式的成效呢？在这里我们将学习一个新概念——放大倍率。放大倍率越高，说明作品越受用户欢迎，投放效果也就更好。我举一个具体的例子，让大家有更直观的了解。

在你投放时，平台会对投放效果进行预估，比如，你选择的投放金额是 200 元，它会给你一个结果参考值，比如，最终收获点赞量可能为 400。但一般情况下，最终效果都会比参考值高出 20%~50%。平台这么做，是让你觉得自己赚到了，你也就会更愿意投放。

所以按此规律，你最终可能会获得的点赞量为 480~600，你可以把这个数据当作投放参考。当你投 200 元，最终点赞量为 800~1200 时，也就是参考值的 2~3 倍，我们就说这次投放的放大倍率是 2~3。

因此，我们可以根据不同的放大倍率来确定投放预算，以期获得最大效益。如果投放结果仅与平台给出的参考值持平，通常没有必要继续投放。

* 数据分析

要想提升上热门投放效果，对数据展开深入分析是必不可少的。如果我们的作品出现了比平时多 10 倍的播放量的情况，那么这就是我们进行上热门投放的好时机。这时我们可以通过上热门投放提高作品及账号的曝光率，提升作品上热门的概率。

上热门投放的注意事项

上热门投放属于内容投放，与营销广告的信息流投放有所区别：内容投放不能包含明显的营销内容，否则就会出现投放失败的情况；信息流投放则可以根据你的需要，在不违法、不违规的情况下，实现定向的营销投放目标，并且信息流投放是可以独立于账号存在的。比如，可以投放开屏页、搜索页，或者用户刷视频的过程中信息流。信息流投放不在本书的讨论范围内，大家可以查看各平台的具体规则进行了解。

了解了上热门投放与其他投放方式的区别，我们该如何区别并更好地进行上热门投放呢？以下是一些需要我们注意的事项。

1. 平台的审核是很严格的，并不会因为你花了钱就忽视作品质量，甚至会出现平台对作品进行审核之后，认为该作品不适合继续投放，退还投放费用的情况。因此，我们一定要保证作品质量。

2. 尽量不去诱导用户进行互动，比如，在投放的作品内容中不要出现"帮忙点点赞""喜欢点个赞""别忘了关注"等话术，这些带有比较强的营销属性和引流属性的内容，都会使平台将作品判定为不适合投放的作品。对此我们可以优化或调整话术，比如，将"点赞"变成"点小心心"、将"评论"变成"在下方留下你的看法"等，从而规避风险。

3. 不能抄袭他人作品，抄袭是新媒体行业的大忌。此外，投放的作品中也不能出现第三方的水印或专属特效。比如，将包含抖音的红绿抖动 3D 特效的作品发布在其他平台，这大概率是无法通过审核的。

4. 如果是个人账号，就不能长时间展示某一产品、品牌或图标，否则会被平台判定为存在明显的广告嫌疑，继而无法进行投放。

实战篇

看到这里，恭喜你，你已经完成了"闭环－流量－涨粉－热门"整个引流成交的学习。接下来，我们将进入实战篇的学习，主要是对一些优秀的案例进行拆解，这不仅可以帮助我们回顾在前面所学到的知识点，也可以帮助我们更好地举一反三，助力账号运营。

实体店
优秀案例拆解

图 6-1 运动康复账号案例

案例一：金刚熊说康复

图 6-1 所示的是一家深圳运动康复中心的账号，账号的目的是通过人设打造，引发用户兴趣，扩大品牌的影响力，从而招收更多的学员，促成更多的合作。

账号头像为博主模仿金刚狼电影海报所拍摄的个人艺术照，背头、肌肉、运动背心，是典型的运动健身爱好者的人设形象。账号名称的形式为"人设＋行业"，清晰点明账号行业属性。

背景图为博主和部分学员的合影，配合简介说明"数十位一线艺人及企业家的运动康复教练"，让用户对账号产生信任。此外，简介通过"诺亚第运动康复学院院长，2017

♡ 227

年受邀前往哈佛大学、麻省理工学院、华盛顿大学巡回演讲运动康复知识"介绍人物背景和优势，展现账号内容的专业性。

该账号置顶了 3 个爆款作品，展现了账号内容的受欢迎程度，吸引用户点击、浏览，甚至关注账号。

账号作品内容多为运动康复动作的展示，为了更准确、直观地呈现和讲解，多采用短视频形式。该账号的作品主要有 3 种：动作讲解 + 亲自展示、讲解 + 模特展示、背书型作品。该账号早期作品大都为"讲解 + 亲自展示"，其特点在于把很专业的运动康复知识用说唱的方式呈现出来，新颖有趣，迎合年轻人的喜好，因此快速积累了不少粉丝。背书型作品则主要为博主出席一些行业大会或者是给艺人、企业家做运动康复的一些记录，以此展现自己的实力，同时提升用户信任度。

此外，为了让用户快速地获取相关的内容和知识，账号做了作品合集，把讲解背部、肩部、腹肌、二头肌等重点部位的内容单独做成合集，从而让用户可以更快速地找到对应内容，使用户得到更好的体验。

作品封面风格比较统一，主要为"图片 + 文字"。但细节部分又稍有不同，不同的作品针对所需展示的内容，会做出一些突出与强调。这样既可以保证整体的统一性，又不影响主要元素的呈现。

"金刚熊说康复"的选题内容主要分为 3 种。第一种是根据自身经验输出选题内容，其中不乏系列选题，如"前平举动作大集锦""前平举哪个动作更高效""你还在做方向盘前平举吗"等，这样既可以对单个动作进行详细、具体的讲解，又可以减轻选题压力。

第二种是根据用户在训练中遇到的常见问题进行讲解与纠正，比如，"请不要这样练腹肌""请不要这样深蹲"等，直击用户痛点，帮助用户解决问题。

第三种是回应用户反馈。用户反馈主要有两种。一种是用户的疑惑。博主会对此专门录制视频进行解答。比如，面对很多用户提出的"长期伏案工作导致腰部肌肉酸疼应该如何缓解"的问题，博主连续录制了 3 个视频进行讲解。还有一种是来自同行的质疑，博主也会专门对此出一期视频进行回应。这样，用户就会感觉受到了重视，同时也在相互切磋中提升了账号的专业性。

店铺和产品方面，该账号在平台上开通了诺亚第运动康复企业店，并且销售与健身、运动康复相关的用品及学习资料，同时账号主页展示橱窗，方便用户进入，从而达成线上的成交转化。

该账号还搭建了粉丝群，但用户需要关注账号 7 天后才可以进群。设置用户入群门槛后，用户满足条件之后再进群，可以提升用户留存率。同时，面对粉丝或者一般用户在评论中提出的问题，博主一般都会挑其中比较有代表性的进行回复，然后将该条评论置顶，起到群回复的作用，有利于节省时间和精力。当然这是账号在运营后期的一种操作方式，在账号运营前期，我们还是尽可能地每个评论都回复一下。

该账号平时发的视频中，一般会包含两种信息：一种是店铺产品信息，与对产品的讲解相配合，可以有效引导用户进入线上店铺进行产品购买；另一种是定位信息，这不仅可以使账号获取更加精准的流量，也可以展示门店所在的位置，引导用户到店转化。

案例二：渔村兄弟

图 6-2 所示的是一家海边民宿经营的账号，该账号的引流目标是促成民宿以及周边服务的转化，同时沉淀私域流量，积累粉丝资源。

该账号的头像与背景图用的是同一张照片，即戴着渔夫帽的两个人，左边的是小二哥，右边的是"村长"，符合账号"渔村兄弟"的人设。

现在可以看到该账号是企业号，其实最开始的时候只是一个个人号，但因为平时博主将更多的时间花在服务顾客上，因此他们很难进行各种引流操作，于是就申请将账号认证为企业号。但账号成为企业号后，就不能用"渔村兄弟"这个个性化的名字了，于是他们直接注册了一家公司，叫"阳江市渔村兄弟文化传播有限公司"，这个名字便被保留了下来。

图 6-2　海边民宿号案例

该账号的简介是"渔村兄弟只做真实海钓视频，记录每位钓友的高光时刻，约船钓鱼私信主播"。博主主要拍摄的内容为赶海或海钓的内容。与此同时，二人还经营了一家客栈。

由于很多人都是在半夜海钓，可能钓上鱼的时候身边没有人能分享其喜悦，更没有人帮助他们拍视频记录。为了记录钓友们的"高光"时刻，两位博主主动充当摄影师，随着素材积累得越来越多，两位博主便萌生了将拍摄的视频剪辑并分享在账号中的想法。这样做不仅钓友很开心，也吸引了更多的钓友慕名前来。

因为来这家民宿的客人有的主要是住宿需求，有的主要是海钓需求，不同的人可能有不同的需求，所以两位博主无法将一个固定的产品放在页面上，该账号更多的是起引流作用，于是他们在页面上加了"约船钓鱼私信主播"的内容，配合下方显示出的联系电话，就形成了很好的引流转化闭环。

该账号前期利用 POI 及坐标定位收获了很多阳江本地及周边地区的精准用户。随着账号知名度与影响力的提升，全国各地的钓友慕名而来，形成了全国范围的引流成交闭环。

随着粉丝量的增加，私域流量的沉淀，该账号店铺、直播间和粉丝群也逐渐建立起来。粉丝群的作用主要是服务粉丝，方便粉丝约海钓档期，然后博主会在直播间直播海钓情况，满足用户的好奇心，而博主海钓的成果会在店铺上架，吸引用户购买。

该账号的作品主要分为两种：一种是海钓记录；另一种就是海鲜美食分享。经过长期的私域流量积累，该账号的粉丝除了有喜欢海钓的用户，也有很大一部分是海鲜爱好者。正因为发现了用户的需求，该账号才能有效输出内容，从而赢得了更多用户的喜爱。

该账号主页置顶了 3 个作品，其中两个作品展现的是深海鱼刺身的做法，新鲜的食材让人垂涎欲滴。还有一个爆款作品，记录了博主等人一起钓了上百斤的鱼，是一次经典的海钓场面呈现。

此外，该账号的作品标题也是一个亮点，其通过设置悬念和提问的方式引导用户互动，比如，"一条恐龙时代的鱼，你会出多少钱？""你们猜这条鱼能卖多少钱""钓鱼人最怕的事发生了，碰到大海怪了""原来钓鱼才是运动顶流，钓友谨慎看，一定要看完"等，我们可以从中学到不少技巧。

案例三：小熊带你看装修

图 6-3 所示的"小熊带你看装修（黄州）"是一家装修公司的账号，主要是通过讲解各类装修案例吸引更多有需求的用户。

账号主页背景图是一张装修案例实景照片，体现了行业属性与专业性；账号头像是博主小熊本人的照片，呼应了账号名称。该账号为个人账号，主要功能是给公司引流。

账号名称包含地理标签"黄州"，从而可以利用平台规则筛选精准用户。

该账号简介是"只拍实景工地，杜绝搬运，只分享经典实用设计案例，让家'妆'变得更简单，如家小熊"。

图 6-3 装修公司账户

"只拍实景工地"和"只分享经典实用设计案例"展现了账号的价值和优势。

为了促成引流转化,账号提供了联系电话,并搭建了粉丝群。在这里,我再教给大家一个小技巧:抖音个人号也能上传联系电话。有两种方法可以帮助我们完成此操作:第一种是获得蓝 V 认证,即使后续不再续费,平台也只会取消蓝 V 标识,但仍会保留商家信息;第二种是认证企业号,当平台对营业执照审核通过之后便会为我们提供商家信息功能。

该账号的作品封面风格很统一,这样能吸引很多喜欢这类风格的用户。此外,作品标题中采用了很多的关键词,如"衣帽间改用层板设计,实惠更实用""墙地砖选同色阿玛尼灰抛釉砖,好看又好打理""无主灯设计灯光氛围感爆棚,窗帘盒、床背装洗墙灯,半夜起来有光线还不刺眼"等,通过关键词可匹配到精准用户。

针对装修素材不足这一痛点,该账号也给出了比较好的解决方案——通过展示细节制作系列作品。比如,博主会把一套房子的装修做成一个系列,分别展示主卧、衣帽间、卫生间、儿童房等的装修,这样就可以输出多个作品。同时还可以展示局部细节,飘窗、隐形门甚至是电箱的设计都能单独输出一个作品。这样一来,素材也就丰富起来了。

此外,博主每次发视频都会添加定位,目的是获得更精准的目标用户。如果定位周边有需求的用户"刷"到了视频,觉得效果很好,可能就会请博主装修。

该账号的作品制作成本较低,只需要一个手持稳定器、一部手机就可以完成拍摄,然后配上热门的背景音乐,作品就制作完成了。虽然制作成本低,但效果不错,收获了很多正向反馈,也促成了引流转化。因此,我希望大家不要只观望,而要脚踏实地去做。

七大情境实战
练习题

第一题： 经营了很久的账号所获得的粉丝数量只有几百或几千，是继续运营
还是注销账号，重新注册一个？

_____

_____

_____

第二题：如何判断账号内容是否垂直？

_____

_____

_____

第三题： 通过问卷调查发现，产品的目标用户主要为 41~50 岁的女性，请问
如何判断账号粉丝中是否包含了这类目标用户？

_____

_____

_____

第四题：直播间只上架了一个产品，如何围绕产品做延伸，实现用户转化？

_____

_____

_____

第五题：如何快速创建粉丝群？

_____

_____

_____

第六题：想在视频中加入门店地址，可是找不到门店地址该怎么办？

_____

_____

_____

第七题：运营一段时间后发现，账号的评论量比较少，如何进行内容优化？

_____

_____

_____

欢迎大家把答案发送至微信公众号"黑马唐"，我们可以一起探讨更优质的解题思路与方法。

七大情境实战练习题参考答案

第一题：经营了很久的账号所收获的粉丝数量只有几百或几千，是继续运营还是注销账号，重新注册一个？

对于这个问题，如果用户不能很好地做出决断，可以参考以下两方面内容：一是账号在平台的健康度；二是账号的粉丝画像。

第一步，看账号健康度。打开抖音，点击"我 – 右上角隐藏功能区 – 设置 – 账号与安全 - 抖音安全中心"，平台就会自动对账号进行检测，如果结果显示为蓝色盾牌即"暂未发现异常"，表示账号没问题；如果检测出异常，平台会做出提示，比如，会提示账号违规或者被处罚等情况，在这种情况下，我建议放弃该账号并另起炉灶。同时，在安全中心的"更多功能"中，我们可以启用"自助清粉"功能，用于检测虚假粉丝，帮助我们提升账号健康度。如果账号只有 200 个粉丝，清理完之后可能就只剩 100 个了，那么我也建议注销账号并重新注册一个账号，毕竟启用新号会比修复原账号更容易，也更高效。

第二步，看账号粉丝画像。打开抖音，点击"我 – 右上角隐藏功能区 – 企业服务中心 / 抖音创作者服务中心 – 数据概览 – 粉丝数据"，在这里可以看到详细的粉丝画像，包括粉丝性别分布、年龄分布、兴趣分布、地域分布等，如果账号的粉丝画像与账号的目标用户大体一致，那么账号就有继续运营的价值；反之，就建议注销账号后重新注册一个账号。

第二题：如何判断账号内容是否垂直？

首先，我们要明白账号内容垂直的意义——只有账号内容足够垂直，平台才更容易获取到我们的标签，从而将作品精准推送给需要的用户，有助于提升成交转化率；其次，账号内容垂直，平台也会给我们推送更多与行业相关的爆款内容，我们可以将其作为选题参考，同时发现自己与同行之间的差距，进而优化、改进。

判断账号内容是否垂直的方法有两种：一是看平台推送的内容中行业内容的占比，占比超过50%说明账号内容相对比较垂直；二是通过"创作灵感"中的行业话题推送占比进行判断。在抖音搜索"创作灵感"，点击进入"创作灵感"专题页，查看平台默认推荐话题，如果推荐话题中超过50%的内容是与自己的行业相关的，那么账号内容也是较为垂直的。

第三题：通过问卷调查发现，产品的目标用户主要为41~50岁的女性，请问如何判断账号粉丝中是否包含了这类目标用户？

打开抖音，点击"我–右上角隐藏功能区–企业服务中心/创作者服务中心–数据概览–粉丝数据"，我们就可以查看账号粉丝画像的详细数据，并根据数据进行判断。例如一个账号有10000个粉丝，其中41~50岁的女性粉丝占比为41%，就证明账号精准地覆盖了目标用户。我们就可以继续朝着当下的选题方向输出内容，从而吸引更多的目标用户。

在账号后台看"粉丝数据"时，发现账号粉丝并不包含 41~50 岁的女性，有 3 种解决方法。第一种最简单直接，如果之前的内容与目标用户无关，那么我们就可以注销账号重新注册一个，然后结合产品发布与目标用户相关的内容；第二种，如果不想注销，可以尝试在短时间内多发一些与对标账号的选题相近的内容，看看是否会吸引目标用户；第三种，可以尝试找到现有用户和目标用户的关联，比如，现有用户是 20~30 岁的年轻人，那么这类人群可能就是我们的目标用户的子女，把内容和产品包装成"给父母的礼物"之类的，也是一个可以参考的方向。

第四题：直播间只上架了一个产品，如何围绕产品做延伸，实现用户转化？

虽然只有一个产品，但是我们可以围绕这个产品延伸，为用户提供现金券或者免费体验等。例如一份 99 元的麻辣香锅，我们可以设计"满 99 元减 20 元"的粉丝专属折扣券，用户只有加入粉丝团才能抢券。其中，折扣券就相当于引流款产品和福利款产品，99 元麻辣香锅则是主打款产品。对于单品，要思考如何延伸，从而实现引导用户转化的目标。

第五题：如何快速创建粉丝群？

以抖音为例，打开抖音，进入账号主页，在简介下方可以看到"粉丝群"入口，点击进入，选择"创建粉丝群"，依次上传粉丝群头像、输入粉丝群名称以及设置进群门槛即可完成粉丝群的创建，其运营方式与微信群类似。

如果我们在账号主页并未看到"粉丝群"入口，可能是因为我们的账号比较新，活跃度较低，平台默认账号暂时还不需要粉丝群功能。解决这个问题有两种方法：一是保持良好的更新频率，一段时间之后粉丝群功能会自动开启；另一种是选择进行直播，开播半小时后粉丝群功能会自动出现。

第六题：想在视频中加入门店地址，可是找不到门店地址该怎么办？

门店地址也就是我们说的 POI，其功能在于为用户提供门店地址、联系方式等信息，还能为用户推荐产品并引导用户一键导航至门店等，功能强大，且操作方便。如果我们在账号中未找到该功能该怎么办呢？

当我们将账号认证为企业号之后，在账号主页的简介下方就可以看到"增加企业信息"按钮，点击后找到"展示门店"选项，点击"去创建门店"，输入门店名称、所属行业、所在地区和详细地址，同时在地图中确认具体位置，然后按照提示提交信息即可。信息审核通过后就可以进行 POI 认领了，认领后就可以在账号主页的简介下方看到"查看门店"按钮。

第七题：运营一段时间后发现，账号的评论量比较少，如何进行内容优化？

1.选择更有话题性的内容，引发用户共鸣并使用户积极参与讨论。

2.在标题或内容结尾抛出话题引导用户互动。

3.及时回复用户的评论。

坚持一段时间后就会发现，评论量会慢慢增多。毕竟谁会不喜欢一个热情且愿意与用户互动的博主呢？

本书的内容到这里就结束了，感谢各位读者朋友能看完，希望本书能给大家带来一些启发，助力大家更好地运营账号。当然，也欢迎读者朋友们随时到公众号"黑马唐"中和我分享本书带给大家的感受和思考，以及提出问题。我将一一解答，有错漏之处也会及时改正，希望我们都能变得更好。

永远相信美好的事情即将发生。

我是黑马唐，我们后会有期！